基层社会治理的理论与实践研究

刘 洋 著

北京工业大学出版社

图书在版编目（CIP）数据

基层社会治理的理论与实践研究 / 刘洋著． — 北京：北京工业大学出版社，2022.12

ISBN 978-7-5639-8528-9

Ⅰ．①基… Ⅱ．①刘… Ⅲ．①社会管理—研究—中国 Ⅳ．①D63

中国版本图书馆 CIP 数据核字（2022）第 251435 号

基层社会治理的理论与实践研究

JICENG SHEHUI ZHILI DE LILUN YU SHIJIAN YANJIU

著　　者：刘　洋
责任编辑：张　贤
封面设计：知更壹点
出版发行：北京工业大学出版社
（北京市朝阳区平乐园 100 号　邮编：100124）
010-67391722（传真）　bgdcbs@sina.com
经销单位：全国各地新华书店
承印单位：河北赛文印刷有限公司
开　　本：787 毫米 ×1092 毫米　1/16
印　　张：9
字　　数：180 千字
版　　次：2022 年 12 月第 1 版
印　　次：2022 年 12 月第 1 次印刷
标准书号：ISBN 978-7-5639-8528-9
定　　价：68.00 元

作者简介

刘洋，现为黄河科技学院讲师，研究方向社会工作与社会治理。公开发表学术论文5篇，作为主持人主持科研课题10余项。

前　言

对于正处于转型期的中国而言，国家治理体系和治理能力现代化的基础在基层，重点、难点也都在基层。如果没有基层社会的现代化，也就没有整个国家治理体系和治理能力的现代化。因而，基层社会治理体系和治理能力现代化，是我国建设富强、民主、文明、和谐、美丽的现代化国家的基础性和攻坚性工程。

本书所说的基层社会包括城市社区和乡村。在城乡一体化的今天，传统的自然村落日益社区化，基层社会基本上是指广大的城乡社区。城乡社区是构成我国社会的最基本单位，是承载社会生活的基本载体。城乡社区被赋予了社会稳定的“减压器”和基层民主“推进器”的功能，更是党和政府的形象向基层群众心中渗透的具体通道。通过构建和谐城乡社区治理机制，建立起自下而上的、草根性的社会生活体系，对于保证包括经济、政治生活在内的宏观社会的正常运转具有重要的现实意义。

社会和谐是国家富强、民族振兴、人民幸福的重要保证，而社会和谐的基础是城乡社区和谐。构建社会主义和谐社会反映了我国建设富强、民主、文明、和谐、美丽的社会主义现代化国家的内在要求和全党、全国人民的共同心愿。社会主义和谐社会是由千百万个基层社区构成的，没有广大城乡基层社区的和谐，就没有整个社会主义中国的和谐。

我国已进入改革发展的关键时期，“经济体制深刻变革，利益格局深刻调整，思想观念深刻变化”。这种空前的社会变革在给我国发展进步带来巨大活力的同时，也必然带来这样或那样的矛盾，从而加剧了我国当前社会治理的困境。

“必须加强基层社会治理和服务体系建设，增强城乡社区服务功能。”党在社会建设和社会治理方面的一系列路线、方针、政策为我国基层社会治理体制、机制创新，进而为探索中国特色的社会主义基层社会治理模式指明了正确的方向。认真分析近年来党的相关路线、方针、政策，我们不难发现：城乡基层社会治理机制创新，是社会主义和谐社会建设、国家治理体系和治理能力现代化的“抓手”与基础性工程。

目　录

第一章　社会治理理论

纵观人类发展的历史进程可知，不断探索和优化国家、市场、社会三者之间的关系，合理配置公共资源、有效处置社会公共事务，是人类谋求发展进步的一项共同任务。在此过程中，理论学术研究和实践操作相互借鉴、相互促进，形成了具有时代特征、内涵各异的新型知识体系和实践模式。从理论上看，西方“治理”理论是社会治理的重要理论来源。只有明晰治理理论的核心内涵，才会对社会治理做出合理的界定和解释。本章从中西互释的视角出发，对治理及社会治理的国内外思想理论进行比较全面的阐述，为新时期我国形成共建共享治理新格局提供理论依据。

第一节　治理理论的内涵与特征

一、治理在西方的复兴

“治理”概念最早起源于希腊语（Kybernan）与拉丁语（Gubernare），都包含着领航、掌舵或指导的意思。而现代治理概念的产生与发展，与传统政治经济发展模式以及传统政治经济理论的危机密切相关。20 世纪后半期以来，随着市场经济的发展和新技术革命的出现，社会经济迅速发展，利益格局逐步趋向多元化，社会公共领域逐步形成，人们的自主意识日益增强。与此同时，面对全球性经济社会转型，各个民族、国家的传统政治与经济体制都出现了不同程度的危机，主要体现在“市场失灵”与“政府失灵”上。作为一种有效的资源配置方式，市场经济曾经非常有力地推动了各国乃至全球的经济发展，但内生于市场自身的潜在无序性使其难以应对由此产生的大量社会问题。在这种情况下，第二次世界大战后一度兴起的政府对经济与社会事务的干预政策，虽然在一定程度上弥补了市场的缺陷，但同时政府对社会经济干预的增强也造成了国家对社会与经济领域的“入侵”，反而造成了新的经济社会问题。正是在这种“市场失灵”与“政府失灵”并存的双重窘境下，资本主义社会出现了空前的社会危机。这种危机直接导致了“合法性危机”，由此也促成了 20 世纪后半期的新自由主义政策转向。

要有效地解决各种社会、经济问题，民族、国家的管理者就必须在政府与市场之外寻求新的解决方式。由此，作为与传统的“统治”（Government）概念相对应的概念范畴，“治理”（Governance）开始被世界银行等国际组织所采纳，并被广泛应用到政治、经济以及社会等各个领域。如 1989 年世界银行在其报告《撒哈拉以南非洲：从危机到可持续增长》中首次使用“治理危机”（Crisis in Governance）一词。该报告认为非洲发展问题反复出现的根源是“治理”的危机，认为非洲地区首要的是创造“多元制度结构”的“政治革新”，并提出“善治”的改革目标，即“一种有效率的公共服务，一种独立的司法体制以及履行合同的法律框架；对公共资金进行负责的管理；一个独立的、代议制的立法机构负责公共审计；所有层次的政府都要遵守法律、尊重人权；多元化的制度结构及出版自由”。该报告所提出的“治理危机”关注合法性、参与、多元主义、新闻自由和人权等。在同一份报告里，世界银行对非洲国家的结论是：要产生效果，非洲国家的治理就必须进行彻底的系统重建。这就意味着有效地加强各种利益集团——不仅是基层、社群和妇女组织，而且包括专业协会和工商业协会及其他中介的私人自愿组织。这说明治理问题亦涉及国家和社会的关系领域，开始强调公共行政与管理在非政府方面的特性。而这份报告的产生也成为传统统治与现代治理之间的分水岭，人类社会以“政府以及它的行为”为鲜明特征的“统治”时期开始走向以“政府与社会之间伙伴关系”为特征的“治理”新时期。这是一套西方视角下的“非洲治理革新”。

治理在西方国家的普及也源于伴随信息社会而到来的经济全球化进程和西方福利国家的管理危机，以及自由市场和等级官僚制引发的调节机制危机，社会因大幅度的深层分工与整合而出现的众多社会组织集团。正是由于诸多社会现象与整体环境的推动，西方学术界才努力探讨“治理”一词的内涵，并试图建构一套系统的治理理论。以库伊曼为主要代表的部分欧陆学者，面对国家权威的逐渐解构、民间势力的崛起与日益严重的“难以治理性”问题，基于“复杂性”“动态性”与“多样性”三方面的加剧来分析欧陆国家与社会关系的新转变，并称之为朝向社会倾斜之新治理时代。于是 20 世纪 90 年代以来，治理理论成了国内外政治学、行政学等诸多学科中最前沿、热门的研究话题，也成为传统公共行政学关于政治与行政二分、效率和价值关系等剧烈争议的有力应对，成为一种全新的公共行政（公共管理）范式。同时，在实践上治理理论被广泛运用于当代各国的政治和行政改革，一些国家还提出“更少的统治，更多的治理”等口号。

二、治理概念的多种解释

自 20 世纪 90 年代西方学术界出现“治理”一词以来，其被广泛应用于政治学、社会学、经济学、法学等领域。学者和相关机构特别是政治学家和政治社会学家，对“治理”做出了各种界定，真可谓五花八门，以至于呈现“治理是个筐，所有东西往里装”的情景。正如有些学者所指出的“治理成为一个缺乏完好定义和被滥用的时髦概念”；“治理可以指很多事情，它可以是一个流行词汇，一种时尚，一种框架设计，一个联结各学科的、伞状的、描述性的并且模糊的概念，一个空洞的符号，没有清晰的边界，容易导致混淆和难以捉摸”。为了对“治理”的内涵和本质有一个总体性的了解和把握，本书选择以下具有代表性的有关治理的定义加以阐释，详情见表 1-1。

表1-1　罗兹关于治理模式、市场模式和政府科层模式的特征比较

特征	市场模式	政府科层模式	治理模式
基本关系	契约和财产权	雇佣关系	资源交换
依赖性程度	独立	依赖	相互依赖
交换媒介	价格	权威	信任
冲突解决和协调的方式	讨价还价和法院	规则和命令	外交式斡旋
文化	竞争	从属与服从	交互作用

全球治理理论的主要创始人之一罗西瑙（Rosenau）在其代表作《没有政府的治理》和《21 世纪的治理》将“治理”定义为：一系列活动领域里的管理机制，它们虽未得到正式授权，却能有效发挥作用；治理与统治不是同义语，治理与统治存在重大区别。与统治不同，治理指的是一种由共同的目标支持的活动，这些管理活动的主体未必是政府，也无须依靠国家的强制力量来实现。罗西瑙说：“与统治相比，治理是一种内涵更为丰富的现象。它既包括政府机制，同时也包括非正式、非政府的机制，随着治理范围的扩大，各色人等和各类组织得以借助这些机制满足各自的需要并实现各自的愿望。”

西方治理理论的代表人物之一罗茨列举了六种关于治理的定义及其应用领域，它们分别是：①作为最小国家的管理活动的治理，它指的是国家削减公共开支，以最低的成本取得最大的效益。②作为公司管理的治理，它指的是指导、控制、监督企业运行的组织体制。③作为新公共管理的治理，它指的是将市场的激励机制和私营部门的管理手段列入政府的公共服务。④作为善治的治理，它指的是强调效率、法治、责任的公共服务体系。⑤作为社会控制体系的治理，它指的是政府与民间、公共部门与私营部门之间的合作互动。⑥作为自组织网络的治理，它指的是建立在信任与互利基础上的社会协调网络。罗茨特别强调治理是指自组织、组织间网络，并主张这些网络作为治理结构补充了市场与官僚制组织，以实现权威性分配资源及行使控制与协调。

西方学者格里·斯托克在对全球治理概念进行梳理和审读的基础上，总结指出："审读有关文献，得出的结论一般表明这个词——治理有种种用法，也有种种意思。但有一个基本相同之处：治理是统治方式的一种新发展，其中的公私部门之间以及公私部门各自内部的界限均趋于模糊。治理的本质在于，它所偏重的统治机制并不依靠政府的权威或制裁。治理的概念是，它所要创造的结构或秩序不能由外部强加；它之发挥作用，要依靠多个进行统治的以及互相产生影响的行为者的互动。"并就作为一种理论的治理提出五种主要的观点：①治理意味着一系列来自政府但又不限于政府的社会公共机构和行为者。②治理意味着在为社会和经济问题寻求解决方案的过程中存在着界限和责任方面的模糊性。③治理明确肯定了在涉及集体行为的各个社会公共机构之间存在着权力依赖。④治理意味着参与者最终将形成一个自主的网络。⑤治理意味着办好事的能力并不仅限于政府的权力，不限于政府的发号施令或运用权威。我国研究治理理论的权威学者俞可平教授认为，"'治理'一词的基本含义是指在一个既定的范围内运用权威维持秩序，满足公众的需要。治理的目的是在各种不同的制度关系中运用权力去引导、控制和规范公民的各种活动，以最大限度地增进公共利益"。

从上述内容可见，当前国内外学术界对"治理"具有各自不同的解释，尚未形成统一明确的治理概念。但在此过程中，全球治理委员会提出的"治理"概念具有权威性和代表性。该委员会在《我们的全球之家》研究报告中对治理做出如下界定："治理是各种公共的或私人的个人和机构管理其共同事务的诸多方式的总和，它是使相互冲突的或不同的利益得以调和并采取联合行动的持续的过程。它既包括有权迫使人们服从的正式制度和规则,也包括各种人们同意或以为符合其利益的非正式的制度安排。它有四个特征：治理不是一整套规则，也不是一种活动，而是一个过程；治理过程的基础不是控制而是协调；治理既涉及公共部门，也涉及私营部门；治理不是一种正式的制度，而是持续的互动。"民营化、分权化、合作化、高效化、民主化等是"治理"的核心关键词。

三、治理的基本特征

从对象来看，治理具有广泛适用性，包括国家、公共组织、私人机构及社会个人等各种活动主体之间的关系。综合诸学者的论述可见，治理与统治既有一定的联系，又存在较大的区别，典型的治理具有如下基本特征：

第一，治理的主体未必是政府，也无须依靠国家的强制力量来实现。治理作为一种政治管理过程，也像政府统治一样，需要权威和权力，最终目的也是维持正常的社会秩序，这是两者的共同之处。但与统治不一样的是，统治的主体一定是公共机构，权威必定是政府；而治理指的是一种由共同的目标支持的活动，虽然需要权威，但这个权威并不一定是政府机关，而治理的主体既可以是公共机构，也可以是私人机构，还可以是公共机构和私人机构的合作。治理是政府与非政府的合作、公共机构与私人机构的合作、强制与自愿的合作，这些管理活动虽未得到正式授权，却能有效发挥作用。

第二，强调国家与社会的合作，模糊了公共领域与私人领域的明确界限，而更加强调国家对社会的依赖关系。统治基本上局限在社会公共领域，所关联的对象是一种二元对立式的国家与民众；而作为政府管理模式的治理却与市场、社会自治组织、社会中介组织、社会独立组织等具有密切联系。现代社会，国家正在把原先由它独自承担的责任转移给社会，即各种私营部门和公民自愿性团体，后者正在承担越来越多的原先由国家承担的责任。这样，国家与社会之间、公共部门与私营部门之间的界限便日益变得模糊不清，治理理论亦应运而生。

第三，治理是一个上下互动的管理过程，它强调管理对象的参与。统治的权力运行方向是自上而下的，它运用政府的政治权威，对社会公共事务实行单一向度的管理。而治理则是一个上下互动的管理过程，它主要通过合作、协商、伙伴关系进行。

第四，治理还意味着管理方式和管理手段的多元化。统治的典型模式是运用发号施令来达成目标。而治理模式则认为办好事情的能力并不仅限于政府的权力，在公共事务的管理中，还存在着其他的管理方法和技术，政府应该运用各种可行的办法来达到公共事务的良好管理。

第二节　社会治理概述

一、社会治理的概念

相关研究表明，对中国而言，“治理”是来自西方的一个舶来品。长期以来，我们采用的是统治、管理或社会管理的概念，但党的十八届三中全会首次从国家战略的高度对治理思想做出了具有中国特色的解释，提出“完善和发展中国特色社会主义制度，推进国家治理体系和治理能力的现代化”是我们全面深化改革的总体目标。在此基础上，党的十八届五中全会通过的《中共中央关于制定国民经济和社会发展第十三个五年规划的建议》进一步指出：“构建全民共建共享的社会治理格局。”这是对社会治理思想认识上的再次升华，也是探索实现中国社会治理现代化的指导思想和实践路径，即唯有确立并发挥广大人民群众的主人翁意识和主体作用，调动全体人民共同参与、共同创造、共同建设的积极性和内在动力，让全体人民共同享有经济发展成果，实现全面建成小康社会。随之，社会治理成为我国学术研究的一个热点问题，但由于受西方思想的影响，国内对社会治理的概念尚未形成统一的认识与概念。因此，批判吸收西方治理的核心内涵，结合中国文化和国情界定社会治理的基本概念，是创新社会治理的基础和前提。对此，我国学者王浦劬在辨析国家治理、政府治理和社会治理三者关系的基础上，对社会治理做出了一个具有中国特色的概括，即社会治理是指在执政党领导下，由政府组织主导，吸纳社会组织等多方面治理主体参与，对社会公共事务进行的治理活动，是以实现和维护群众权利为核心，发挥多元治理主体的作用，针对国家治理中的社会问题，完善社会福利，保障改善民生，化解社会矛盾，促进社会公平，推动社会有序和谐发展的过程。本书对社会治理的界定主要借鉴这一基本概念，即社会治理就是在中国共产党的统筹和领导下，充分发挥政府、市场、社会三个领域的各自优势，通过共商共议、共建共享、共治自治等方式，有效化解制约社会和谐发展的诸多社会问题和矛盾，从而构建富有活力、包容、公平、和谐的社会秩序的动态过程。

二、社会治理的基本特征

（一）多主体共建共治共享

全球治理委员会的“治理”概念和特征表明，治理是各种公共的或私人的个人和机构管理其共同事务的诸多方式的总和，既涉及公共部门，也涉及私营部门。这表明，从主体结构来看，政府并不是社会治理的唯一主体，企业、社会组织、民众、媒体等都会成为重要的主体成员，在不同领域和不同范围内以不同的方式协同参与，共同解决公务事务和社会问题。这也预示着在未来中国的公共服务供给和公共事务管理中，政府并不会大包大揽，而是积极引导和发挥市场、社会等多元力量，通过共建、共治、共享的方式，协同推动社会发展与进步。但需要指出的是，在中国体制和文化语境下，各级党组织始终是社会治理中一个十分重要的主体，始终发挥着统揽全局和指挥引领的作用，这也是我国与西方社会治理的一个重要区别所在。

（二）治理手段和治理方式多元化

从方式和手段上看，社会管理强调的是政府主要依靠科层制的行政审批、行政命令等方式，采用自上而下的方式进行资源配置和解决社会问题，可以说是以政府为单一中心的管理模式。社会治理则不同，在治理方式上，除了依赖传统的行政控制、法律手段等正式制度安排外，更强调利用经济手段、社会自组织、道德教育等手段，采用非正式的协商、对话、妥协、合作、互动等协调方式，在“多中心”体系下更加有效地配置社会资源，解决不同范围和不同领域的社会问题。当然，这需要相应的配套制度加以保障，否则依然无法避免“各自为政、部门导向”的单向治理和做法，难以形成网络化协同治理的大格局。

（三）治理目标突出“有序、活力、公平、包容”的结果导向

传统的社会管理思维，主要依赖政府强大的行政权力，对广大企业、社会组织和民众实行管控，防止社会发生动乱，片面地强调维护社会稳定。其结果往往就是出现“一管就死，一放就乱”的历史怪圈，社会缺乏应有的活力，很难真正推动社会文明的发展与进步。更重要的是，传统单向的社会管理很难照顾到弱势群体的基本权益，不同群体之间的不平等较为明显，在诸多领域存在大量的社会排斥现象。而社会治理则是从多元主体之间平等对话、协作的理念出发，既有一个有能力、有责任的公共服务型政府对社会政策做出顶层设计和总体部署，更鼓励和引导广大的企业组织、社会组织、民间自治组织、个人等，在合法的前提下参与社会公共事务，创新创造，激发社会活力，实现既有秩序、又有公平和活力的和谐社会；同时更能有效保护弱势群体和社会底层民众的基本权益，城乡之间、区域之间、不同群体之间的不平等问题得到有效的解决，形成社会包容性发展的良性运行格局。

三、社会治理的主要手段

与传统社会管理主要采取行政手段的特点相比较，社会治理最显著的特点就是治理手段的多元化。只有通过多元并举，才能促进社会的和谐、文明与进步。具体而言，主要包括如下几大治理手段：

（一）行政手段

中国是一个人口众多、地域广阔的发展中大国，当前正进入经济社会深度转型、经济呈高质量发展的新常态时期，行政强制手段在处理经济社会问题中仍具有十分重要的作用。这一点从2008年全球金融危机后西方国家暴露的监管弊端中可以看出，即便属于市场经济，但仍无法离开政府的行政调控作用。充分发挥市场在资源配置中的决定性作用，更好地发挥政府作用，既体现了中国特色，更体现了中国智慧。这也决定了社会治理首先需要采取的手段依然是行政强制措施，即指行政机关在行政管理过程中，为制止违法行为、防止证据损毁、避免危害发生、控制危险扩大等，依法对

公民的人身自由实施暂时性限制，或者对公民、法人及其他组织的财物实施暂时性控制的行为。

（二）法律手段

现代社会治理强调的是全面实行依法治国，建立法治政府、法治社会，任何组织与个人都不能凌驾于宪法和法律之上；党和政府注重依宪执政、依法执政，公民个人养成遵纪守法和用法律途径来维护合法权益和解决问题的良好习惯，全社会形成“全民信法、全民守法”的社会氛围。

（三）经济手段

社会治理中采取经济手段主要包括两个层面：一是针对行政机关、垄断行业、社会组织、文化教育等公共服务领域，全国范围内集中力量解决企业和群众反映的各种乱收费问题，从根本上减轻人民群众负担，形成社会发展的正面风气。二是面对交通拥堵、生态污染、公共服务供给等社会治理领域，除了适度采用罚款手段外，要积极探索有效的财税激励措施、市场交易、政府购买服务等经济手段，激发民众主动参与社会公共事务治理的内生动力。

（四）道德手段

法律和道德的关系是古往今来一个永恒的话题，两者彼此区别又不可分割，都是国家治理、社会运行不可或缺的重要手段。坚持法治与德治相结合，是对古今中外治国经验的深刻总结。因此，现代社会治理在强调法治的同时，更注重挖掘中华优秀传统文化思想，与社会现实紧密结合，转化性应用、创造性发展，发挥道德的感化教育作用，加强社会公道、职业道德、家庭美德、个人品德建设，培育和践行社会主义核心价值观，提高全社会文明程度，引导全社会崇德向善，自觉维护社会秩序。

（五）科技手段

移动互联网、云计算、大数据、物联网等现代科技已经成为当今社会的重要组成部分，对政府治理模式、经济运行模式、生产方式、生活方式和思维方式正在产生着颠覆性的影响。任何一个经济行业和社会治理领域，必须得考虑现代互联网技术带来的机遇和挑战。从现代科技发展及应用趋势看，移动互联网、大数据、云计算等技术必将成为社会治理必不可少的工具和手段，在实现社会治理智能化的同时，全方位提升公共服务的效率、能力和水平。

四、社会治理的方式

由于环境和社会事件的复杂性、关联性和不确定性，任何一个社会治理主体都无法具备解决上述复杂社会问题所需的全部知识、工具、资源和能力。以政府为单一管理主体的管理模式，也无法全方位主导复杂的社会治理活动，且一定程度上存在着治理高成本、低效率和低社会响应的现实缺陷。因此，实现社会功能的优化和社会治理效益的倍增，需要多元化社会主体在复杂的活动中高度协同，建立社会治理的协同机制，采取以多中心、网络化、协同式、自组织等为特征的多样化治理方式，以顺应社会发展和不断变革的新趋势、新挑战，实现社会治理的自组织秩序。坚持系统治理、依法治理、综合治理、源头治理是党的十八届三中全会提出的创新社会治理体系的重要治理方式。笔者以为，现代社会治理主要应采取如下几种治理方式：

（一）政社互动参与式治理方式

即重点强调政府治理和社会自我调节、居民自治良性互动，关键在于建立健全公众参与的渠道和机制，尊重广大社会民众特别是弱势群体在公共政策制定中的利益诉求，加强社会组织、社区、社会工作者之间的联动，促进民众和政府之间的互动与博弈、妥协与协同，提高公共决策的科学化、民主化水平，最大限度地满足广大民众的多元需求，稳步改善民生，增加民众的获得感和归属感。

（二）公私合作伙伴式治理方式

主要是面对社会日益增长的公共服务需求与政府有限的供给能力之间的矛盾，积极转变政府职能，通过政府购买服务、特许经营等方式，吸纳市场组织、社会组织、非营利组织和社会资本参与公共服务的供给和公共事务的治理，扩大社会公共服务的有效供给，降低服务成本，提高公共服务效率和质量，全面构筑公共组织和社会组织的伙伴关系，共同处理社会发展面临的服务需求与公共事务。

（三）多部门协同整体治理方式

这是 20 世纪 70 年代以来，随着现代互联网技术在政府治理中的应用，在世界范围内出现的一种最新治理变革方式。也就是在公私领域治理边界不断模糊的同时，政府内部的相关职能部门之间也并不是泾渭分明、互无关系，而是要借助互联网技术打破“数字壁垒”和“信息孤岛”，实现政府部门数据互联互通、数据开放、共建共享，实现多部门之间的无缝衔接和整体性治理，提升政府综合治理能力和水平。

（四）基层社区自治共治方式

将资源、服务、管理放到基层，使基层有职有权有物，更好地为群众提供精准有效的服务和管理。通过社区自治、共治、法治“三治合一”的模式，构建起人人都在自治中、人人都在共治中、人人都在法治中的和谐社区，有效化解社会治理难题；尊重群众主体地位，尊重群众意愿，让社区居民都当“主人翁”，切实发挥好基层党组织的战斗堡垒作用和党员干部的先锋模范作用。通过真情为民服务赢得民心、尽心尽职取信于民，凝聚起共建美好家园、共享发展成果的强大合力。

五、社会治理的目标

根据社会治理的概念，社会治理的主要目标就是化解社会矛盾、维护社会安全稳定、激发社会活力，促进社会公平公正与和谐文明。如果从社会学的观点来看，社会治理重点应该追求以下四个目标：

（一）保障和改善民生

习近平总书记在谈及加强和创新社会治理时，强调关键在于体制创新，核心是人。“核心是人”的深层含义，是“把社会管理寓于为群众服务之中”，最大限度地满足民众和社会需求，最大限度地让民众和社会组织参与到城市治理中来。就这个意义而言，努力聚焦社会民生问题，加大公共财政投入，改革公共服务供给方式，满足人民群众多元、多层次的服务需求，让百姓过上幸福美好的生活，是创新社会治理的出发点和落脚点，从某种意义上来说也是一个终极目标。

（二）优化社会结构和功能

技术进步和经济方式的转型，需要具备相应的性别结构、年龄结构、职业结构、收入分配结构、阶层结构、城乡结构等在内的社会结构体系，但不合理、不科学、过于失衡的结构将为整个社会的发展带来威胁。创新社会治理就是要从当今信息网络社会这一完全不同于传统社会形态的现实出发，紧跟人类经济创新发展的步伐，努力制定有助于经济增长、社会弹性发展的政策，防止社会内部结构的失衡。同时恢复或优化社会结构的功能，使社会生活在相对有序的轨道和均衡状态中运行，防止自然灾害、人为事故等紧急重大事件对社会系统的毁灭性打击。

（三）促进社会关系和谐包容

人是社会的核心，只有人与人和谐相处，社会才会安定有序。在当今经济全球化、网络化的新时代下，采取有效的社会政策和手段，处理好多元、复杂的社会利益关系，尽可能地减少不同群体之间的矛盾或冲突。尤其是处理好官员和民众、穷人和富人、城里人和农村人、外地人和本地人、健康人和残疾人之间的关系，让所有人共享国民经济增长和社会发展的成果，增强社会的包容性、公平性和公正性，是社会治理面临的重大任务，更是目标。

（四）激发社会活力与动力

社会活力是各社会治理主体基于社会实践活动,通过社会互动焕发出来的创造力、持续力、生命力的总称。社会活力是推动社会发展的内在动力，社会交往亦是社会进步的重要动力。我国经济已从高速增长进入高质量增长的新常态时期，“创新、协调、开放、绿色、共享”的发展理念成为主流，创新创业成为推动经济社会不断发展的不竭动力。因此，创新社会治理，就是要彻底改变政府过多控制经济社会的做法，让部分政府职能由社会组织接盘，激发社会组织参与社会治理的活力。同时也要加强对社会民众和基层社区的赋权，提升社会自我组织、自我管理的动力和活力。

六、社会治理的本质

社会治理是治理思想在社会领域的应用，以便采取有效治理方式，以实现解决社会问题、促进社会和谐与社会发展的目的。根据西方国家的社会治理改革实践，笔者认为，社会治理是社会转型时期一项涉及执政理念、权力配置、运行模式、社会需求等核心要素的协同策略与综合方法，具有以下几点本质：

①从执政理念看，社会治理是政党执政理念更趋包容性、积极性、参与性的调整与转型。

欧美国家的改革实践表明，国家政党是创新社会治理的主导者，其首要目的是顺应社会发展要求，增强公共政策的适应性，巩固已有的社会政治统治地位。社会治理反映了各类执政党执政理念的转型与重塑：首先，强调应对社会多样化的包容性理念。20 世纪 90 年代以来，欧美国家的一些执政党不断改变或更新自己，如 1992 年欧洲执政的社会民主党、工党、社会党等联合成立的欧洲社会党，以及英国的“新工党”和德国“新中间派”等，都强调自己是一个具有全民性质、代表全社会利益的党，是一个能够为社会各阶层和群体所接受的党。这充分表明，政党始终充当着西方国家社会治理的积极推动者的角色，旨在采取更加开放、更加包容的执政理念，吸纳社会各种力量，兼顾所有阶层的共同利益，全面应对社会阶层、社会利益、生活方式、价值观、社会文化的多样化发展，以保持政党地位，推动社会和谐稳定。其次，强调应对风险社会的积极性理念。20 世纪 70 年代以来，西方国家原来给每个国民提供安全保护伞的福利制度普遍面临“国家提供的福利越多，发生‘道德公害’的概率越大，越容易产生新风险”的悖论，为此各国纷纷树立“积极福利”的新理念，社会改革目标强调机会平等而不是结果的平等，缩小政府救济范围，鼓励人们积极工作。在公共与私人部门之间形成伙伴关系，建立一种新的多元福利结构，旨在全面激发个体和社会力量的主动性、积极性和创造性，自觉承担抵抗风险的责任。再加上全球化风险的不断加剧，各国政府更强调政策的积极性和防御性，防患于未然，并从源头上治理社会问题。最后，强调应对市民社会的参与性理念。西方国家的社会治理，实际上就是政府为应对自主化、社群化、全球化市民社会而采取的一种社会参与战略。近年来，由各种非政府组织组成的市民社会（社会自主领域），已经成为西方国家一支强有力的“第三力量”，在国际公共事务中发挥越来越大的作用。如何创造机会让其参与公共政策决策，吸纳民意，保障公民合法权益，促进政治认同，进而保持国家、市场和社会之间的平衡，自然成为西方国家社会治理的重要选择。

②从权力结构看，社会治理是地方权力结构从精英模式走向多元模式，再走向合作者模式的动态演变过程。

治理的本质就是政治社会权力结构的变化和重组。从地方权力结构看，社会治理是一种从统治型的精英模式（权力集中，少数人支配权力，大多数人处于消极被动状态，社会团体缺乏应有的表达权，政府缺乏回应性，改革缺乏动力等）走向竞争制衡的多元模式（权力是分散的，从纵向上看，国家部分权力转向国际社会，部分权力下放到地方政府和基层社区；从横向上看，控制权力的精英群体也是多个群体力量中的一支，在不同时期，各种利益集团在处理不同问题时分别起主导作用；多个社会团体之间充满着竞争，相互制衡，以此推动和保障基本民主），最后走向多元共生协同的合作者模式（重点涉及社会公共权力在政府与非政府组织之间的分配。该模式中政府也是权力游戏中的一个玩家，权力架构于私人组织、非政府组织和政府之间的共生关系之上，诸多社会组织和非政府组织通过各种方式共同参与社会公共事务的决策与管理，政府增强工作的透明性、回应性等）的一种趋向过程，是权力资源时空配置效应的最优化和最大化，维护社会多元利益的平衡。

③从公共服务供求视角看，社会治理是对公共服务或公共产品的供应、生产、消费等事宜的一种新型制度安排。

除了权力分散化、治理主体多元化以外，如何引进市场和社会的力量，协同提供足量高质的公共产品或公共服务，最大限度地满足多元化、多层次的社会服务需求，是社会治理的一个核心议题。可以说，社会治理是一个对公共服务的生产、供给、消费等事宜做出合理解释和制度安排的战略行动。其中，其核心本质就是公共服务或公共产品在供应和生产之间的相互区分或区别，政府不再同时承担生产和提供范围广泛的产品和服务的职能。换句话说，社会治理既不是供应也不是生产，而是建立一个连接公共产品生产和供应的制度框架，如西方国家成熟的公私合作伙伴制度等，以及化解参与者之间的冲突、维持多方同意的协议、维护组织多样性等。社会治理强调的“委托”“包容”“伙伴关系”等理念和制度，在一定程度上也反映着西方市民社会的复兴和再生。

第三节　社会治理的相关理论借鉴

治理理论的形成不是一蹴而就的，它经历了一个不断演进的过程。20 世纪 80 年代以来，伴随着社会经济的进步和市民社会的发展，为了指导和解释治理实践，在改革传统公共行政理念的同时，围绕公共治理理念出现了许多的思想流派。这些理论流派是为了满足政府管理和社会发展的需要，为有效解决治理危机而出现的。它们所体现出的治理范式处于不断发展之中，是一个不断被质疑和改革以获得成熟、完善的变迁过程。

一、新公共管理理论

新公共管理运动是对西方国家政府有着巨大影响的行政改革运动。新公共管理是针对传统的公共行政模式造成的政府僵化和失效产生的，试图在政府运作中引入市场和经济因素，对政府管理模式进行改革，创造一种新型的公共管理模式。新公共管理是以制度经济学和管理主义为基本的学术支持，追求“三 E”（Economy，Efficiency，Effentiveness，即经济、效率、效能）目标的管理改革运动。它主张把经济部门的管理模式引入政府管理之中，打造企业政府模式，使政府按照企业的运作形式来管理公共事务，将公共产品明确区分为政府提供和政府生产的产品，根据效率和效能的不同安排公共产品的生产和供给。

新公共管理理论有五个特色：一是效率核心。新公共管理主张淡化公私部门的差异，根据公共产品的不同性质，区分政府提供的公共产品和政府生产的公共产品。在公共产品的供给上允许非公共部门参与生产，并学习、借鉴经济组织和非公共部门的层级管理模式，通过绩效评估衡量成本与收益，寻求最佳生产方式。二是顾客导向。企业政府模式不仅要拥有经济部门的管理架构，还要有私营部门的生产和服务理念。要求将所有社会成员当成顾客来对待，以“顾客”的需求和愿望为行动目标，服务于顾客的需要，强调顾客的满意度。三是分权模式。在政府权力划分上，借鉴公司治理结构，使权力向顶层和管理者移动，并且吸收雇员参与决策。主张打破传统的层级分化和命令形式，采用更透明的授权和负责的形式，以权责更明确的扁平化部门管理形式来提高生产的效率。四是权责分配。政府的雇员采用聘用制，明确政府内部人员的权力与责任之间的关系，打造责任型的政府。在公共部门对资源的配置上，从层级管理向合同分配过渡，实现权责对应，强调公共服务的使命与价值，推崇公民参与和公共责任。五是组织变迁与革新。推崇政府和公共部门的革新和进步，强调政府组织要在产品生产和供给过程中不断吸取和总结新的管理经验，能根据社会需求不断调整自己的管理形式，实现组织适时更新和进步。

二、新公共服务理论

新公共管理的效率理念、顾客导向、企业政府模式推动了许多国家的政府管理改革，但是新公共服务理论是建立在对传统公共行政理论和新公共管理理论进行反思和批判的基础上的，它主张用一种基于公民权、民主和为公共利益服务的新公共服务模式来代替当前那些基于经济理论和以自我利益为主导的行政模式。新公共管理否定了官僚制对于公共事务的垄断，引入了市场机制并将其作为改变政府管理形式的一种手段，试图将政府改造成一种企业政府。但是新公共管理追求的政府架构仍然是封闭的，公共决策仍然是一种内部决策。而新公共服务理论则要求政府不再掌控社会，政府既不是下令者，也不是掌舵者，而是更多地表现为对于社会事务的协调和服务。在权力分配方面，政府作为开放的主体鼓励社会的参与，建立社区组织和互利组织等参与公共事务决策；更加重视社会的作用，试图建立一种政府和社会合作的权力分配模式，政府由决策者变成参与者。在理论导向方面，新公共服务认为不能简单地将公共服务的消费者定义为顾客，而应该更重视他们的公民特性，不仅要重视他们的意愿与需求，而且要认可他们的公民权利，使他们能够参与到公共事务决策中来。在公共服务提供过程中，公民对于服务的要求要远比顾客复杂得多。这就需要改变单独的政府提供方式，使公民参与到具体的供给过程中来，树立一种公共利益的共享观念，构建共同合作、互相信任的合作机制。在权责关系上，新公共服务理论认为，公共行政人员必须树立一种集体共享公共利益的观念。目的不是在个人选择的驱动下迅速找到解决的办法，而是创建一个利益共享、责任共担的机制。关于政府责任，它促使政府不仅关注政策和效率，而且要关注政府的服务职责，为公民参与决策提供便利。在这个参与过程中，增强公民对于政府和公共组织的归属感，培养有责任感的公民，促使政府与社会之间实现权责的优化分配。在目标追求方面，在新公共服务理念中，政府不再作为一种企业和经济组织形态出现，不再单纯追求效率，而是希望成为公共利益的维护者。在服务的基础上，政府要重视社会规则和社会价值观的作用，增强社会凝聚力，以最终实现维护社会正义的目标。

三、集中化—多层次治理理论

20 世纪 20 年代以来，美国社会出现由城市化发展进入“大都市区”发展的趋势，如何治理好分散的大都市区成为解决城市区域社会问题的一个理论研究热点。因此，在发达国家城市高度密集的大都市区，政区的碎片化日益成为国际大都市区发展和治理面临的一个普遍困境，如何率先处理好大都市地区内部的多元政府之间的复杂关系，成为社会治理高度关注的一个议题。对此，先后经历了传统区域主义、公共选择理论、新区域主义等各种理论思潮。但有一种治理倾向在 20 世纪 90 年代重新发出强烈的呼声，那就是主张适当集权或组建统一化大都市区政府的集中化治理模式。该模式有两种路径：一种是采用政府结构调整的方法来达到区域跨界治理的主要目的，另一种是通过强调政府治理过程或政府职能的调整来处理区域问题，这种治理的主张有四：一是将邻近的、发达的、未被合并的地区纳入中心城市政府管辖区内，实行兼并或合并；二是减少政府的数量；三是在一些政府内部整合相关的职能；四是在一个委员会的框架下加强城市之间的合作。典型案例当属 2000 年伦敦大都市政府的成立。根据这一治理理念，未来一些国家的大都市地区将会形成更集中化的大都市区政府，分层次统筹协调跨界性公共服务的生产和运作；以适度集权为主的集中化治理模式实施起来尽管存在一定的难度，但在过度分散化、碎片化、分割化的小规模地方单元或区域，也可能是一种获得大量民众赞同的潜在治理新趋势。这一治理思想集中反映在以下两种理论体系中：

（一）大都市区政府理论

这一理论也称为巨人政府理论，最早可以追溯到 19 世纪末 20 世纪初的伍德罗・威尔逊、弗兰克・古德诺和弗雷德里克·泰勒等政要与学者的思想，他们认为“一个大都市区内存在着大量独立的公共管辖机构是个问题”“都市地区分散治理（即超级地方主义）程度越高，其种族和经济隔离的程度越高。要想消除严重的种族和经济隔离，必须做的第一步是扭转城市地区的分散治理”“大都市区范围内的地方政府主要存在无计划的发展、不充足的资源、缺乏管理能力和专业技能、在共同问题上缺乏一致行动、责任混乱、种族和社会隔离、财政不均、财政剥夺等问题”。共同观点就是只有建立大都市区政府才能有效地进行管理，进而实施更全面的规划以及提供更好的服务。这一理论的核心主张包括：①大都市区是一个人口大量聚集、具有显著共同利益的单一社区，只有单一的政府才能整合这些利益，即“在一个大都市区中由相关个体组成的群体分享着一组共同利益，而这组共同利益将他们紧紧地结合成一个单一社区”。因为许多相互依赖的利益存在，所以只有在一个单一的、具有内在联系的机制中明确表达出这些不同的利益时，人们才能认识到大城市社区的更大好处。②大都市区内政治“碎化”程度的降低，能够对产出、效率、平等性、公民参与和官员责任等因素产生直接的正面影响。③大都市区应该设立权威、统一的大都市区政府或双层大都市区政府结构。

对高度碎片化的大都市区，给出了两个改革方案与建议。第一个方案：取消大都市区原来已经存在的包括县、市、特区等在内的各类地方政府，通过大都市地区中心城市对周围地域的兼并，成立一般性的大都市区政府，由这类政府进行行政集权，取消该区域原有地方政府的所有独立权限，实行统一的经济社会规划。第二个方案：组建一套联邦化、双层的大都市区政府结构，在涉及诸如水资源、下水道管理、大规模交通体系等区域性的事务时，可通过中心城市政府与所在县政府及县域内若干郊区政府的合并或形成全新的政府单元，在特定领域内进行规划与合作。在这类政府体制下，各地方政府保持原有的地方自治权并继续为当地居民提供生活性的公共服务，大都市区政府在地域和功能上都是局部性的。

（二）多层次治理理论

多层次治理（Multi-level Governance）理论是由政治科学家里斯贝特·胡奇（Liesbet Hooghe）和加里·马克（Gary Mark）在20世纪90年代，针对经济全球化和区域化发展，结合欧盟的治理实践而提出的一种政治科学和公共行政管理理论。他们将多层次治理分为两大类型：第一种类型的分析单元是单一政府，第二种类型的分析单元是政策部门，前者注重个别政府机构的功能特质，后者则强调通过政策网络实现跨国组织、国家、地区与地方政府和非政府主体之间的合作与共治。多层次治理理论打破了传统的双层决策模式，将决策权力分散至其他多个治理机制，各层次行为主体一同分享政策过程并在其中相互协商与妥协，以获得较理想的决策结果。结合欧盟的治理实践，胡奇等人指出在多层次治理结构中，欧盟各成员国逐渐将政策重心向上转移到超国家机构，向下转移到不同类型的次国家组织。可见，多层次治理理论是欧洲公共政策研究向欧盟决策体系研究转变的产物，其显著特点是打破了传统的国家治理和国际政治的界限，不管是公共领域还是私人领域，相关利益主体之间原有的相互关系都会在不同边界层次上发生巨大变化，治理力量出现新的组合与变动，原有的一些内部性或独立性的治理优势可能出现加速衰弱的趋向。这充分表明，多层次治理实际上就是在一个蜂窝状的政府单元之间，在多个层次边界上开展的一个持续性谈判过程，更是在超国家、国家、地区和地方政府同时卷入其中的跨越政策网络之中。在这一理论的指引下，产生了诸如多层次、多中心、多阶层等相似的治理概念，它们的核心理念就是地方决策权力出现一定的弱化趋势，并开始向更高级的全球治理转化。近年来，多层次治理理论在欧洲研究离散化、联邦制、国际组织、公共政策（例如环境政策、卫生政策）、公私合作治理、地方治理和跨国治理等政治科学领域得到了广泛的应用。

四、离散化—多中心治理理论

所谓离散化治理，是与集中化治理趋势相反的一种趋势，即一个国家面对一些大的全球城市区域治理难题时，遵循和保持多中心政府体系，大力发展郊区，政治权力分散在多个新区政府手中，最大限度地实现多元政府体系的独立和民主。与此相适应，对各种公共服务的提供，除了一些必须合并才能实现规模效应的服务外，更多的公共服务也应该在社区政府层面供给，最大限度地降低服务成本。这一治理思想强调，有些公共问题的解决，并不一定依靠调整现有政府的基本结构，更在于发挥不同治理主体的分散作用，采取独立或联合的方式，处理各种自身管辖区或跨边界范围内的公共问题。这一点从西方发达国家日渐增多的“边缘独立城市”“特别区政府”“邻里政府”中可见一斑。这方面的理论思想主要包括多中心治理理论、公共选择理论、邻里政府理论等理论体系。

（一）多中心治理理论

多中心治理理论是 1972 年由美国学者埃莉诺·奥斯特罗姆（Elinor Ostrom）和文森特·奥斯特罗姆（Vincent Ostrom），在借鉴英国社会学家迈克尔·波兰尼“多中心”概念的基础上创立的一套完整而独特的公共事务治理理论，旨在构建更加民主、高效的社会秩序和提高公共服务水平。多中心治理理论主要是针对公共物品的配置，发现了市场和政府之外的“第三只手”，在政治科学与其他社会科学领域产生了巨大而深远的影响。

实际上，在多中心治理理论产生之前，关于公共物品的提供和配置有很多理论学说，在此做一个简要的介绍。从社会秩序的视角看，针对公益物品的配置，早期就存在亚当·斯密以开放市场和竞争为导向的市场型社会秩序观、霍布斯的主权国家观和保尔·萨缪尔森的依靠中央集权的方式来实现资源的优化配置的国家型社会秩序观等基本看法，即依靠市场“看不见的手”和政府“看得见的手”两种资源配置模式维持社会秩序。但可惜的是，诸多实践表明，在公益物品的配置中，这两种方式都存在失灵的现象。而如果从公共事务治理的角度来看，就存在加勒特·哈丁（Garrett Hardin）的“公地悲剧”“囚犯困境”博弈模型和奥尔森的“集体行动的逻辑”三种治理模型，对此不再赘述。奥斯特罗姆正是在深入分析这些理论模型缺陷的基础上，将制度分析和经验研究相结合，以自主治理和自主组织为多中心治理的核心内容，对公共事务治理进行了研究，提出将多中心治理理论作为公共事务治理理论的一种替代方案，更是一种行之有效的治理模式。正因如此，埃莉诺·奥斯特罗姆和奥利弗·威廉姆森在2009年获得了诺贝尔经济学奖。

多中心治理理论的制度分析框架包括基本假设、基本含义、治理机制等方面，统称为多中心政治体制。由于篇幅有限，本书对上述内容不再一一叙述，笔者只对其核心观点和治理主张做归纳和总结，主要包括以下几点：

一是针对现实中遇到的多种公共事务治理问题，通常可以采取国有化或私有化两种方式加以治理，但这两种方式始终存在着难以根除的弊端和失灵现象。因此除这种传统的治理方式之外，还存在其他多种有效的治理方式，并且能有效地运行，也就是当地社区居民完全可以采取自主或自组织的形式，对身边的公共草场、池塘等公共资源进行治理。二是公共产品的生产供给有多个主体，即公共产品的生产和供给是可以相互分离的。现实中除了政府之外，还有其他更多的公共服务提供者，至少包括政府、市场、社会三个主体或渠道，三者之间是既彼此独立又相互联系的关系。在公共事务的处理和公共服务的供给中，并不能依靠某一单一主体来完成，必须发挥三者各自的优势，既充分保证政府公共性、集中性的优势，以及市场回应性强、效率高的特点，又要发挥社会的自组织和合约精神，从而提供了一种多主体合作共治的公共事务治理新范式。可见，多中心治理理论从根本上展现了在现代性政治重建中，不同治理主体之间按照公共性规范建构一种公共服务/责任再生产的制度机制。公共治理中的多中心性实质上是公共事务的民主合作管理，是民主治理的一项策略。

（二）公共选择理论

在社会治理进程中，如何高效地供给公共服务是一个根本性的问题。而围绕公共服务的高效供给机制和方法形成了一些政治经济学理论，其中最著名的当数产生于20

世纪40年代末50年代初，由著名经济学家布坎南提出的公共选择理论。其运用新古典经济学的“理性经济人”假设和个人主义分析方法来研究国家理论、投票规则、投票者行为、党派政治学、官方政治学等政治问题，形成了一个富有特色的广义新政治经济学或狭义的公共选择学派（将公共选择的方法应用于公共行政管理领域，其关注的重点是政府的管理活动及各个领域公共政策的制定和执行）。该理论从“政府官员也是追求个人利益最大化的理性经济人”这一基本假设出发，系统分析了政府组织的行为特征、政府失灵的原因以及公共服务供给的替代性方案。从社会治理的视角来看的话，公共选择学派的核心观点和主张包括以下几点：

第一，政治决策体系或政治市场等同于由生产者和消费者构成的经济市场，在资本主义国家、政治家、官员也是具有自利特性的“经济人”。尽管他们不愿承认，但在实际政治行动中他们也像企业家在经济市场上追求最大利润一样，在政治市场上追求着自己的最大政治利益（权力、地位、威望、支配力等），而并不管这些利益是否符合公共利益。与此同时，公共选择学派也指出，人们并不是为了追求真善美而是为了实现各自的利益而参与政治活动。“私人偏好的满足是集体活动存在的首要目标”，这是公共选择学派分析所有政治行为的根本假设，也成为正确认识和评价政府在社会公共事务治理或公共服务供给中有发挥限作用的逻辑起点。

第二，政府工作人员的逐利性直接造成了政府在公共治理或公共服务供给中的失败或低效率。在政府与市场的关系中，鉴于市场本身存在宏观失衡、行业垄断、外部经济问题、社会极化等失灵问题，凯恩斯主义主张政府应该积极地介入经济和社会领域，以消除市场失灵。但公共选择学派的观点与凯恩斯主义的政府干预主张完全相反，认为正是因为政府本身所具有的逐利性，使得在政治行为中政府无法实现真正的社会公共利益最大化，往往存在公共政策失效、提供公共物品效率低、政府规模持续性扩张、徇私及腐败等问题。从这个意义上说，政府对经济和社会领域的干预并不能从根本上消除市场失灵的问题，充其量只是弥补市场缺陷的一种可能性，并不具有必然性。从公共服务供给的角度来说，政府无法做到公共服务供给的高效化、低成本和质量化。实际上，这一主张充分表达了要正确认识和处理好政府与市场、政府与社会的关系，是实现社会的良性治理所必须关注并加以解决的核心议题。

第三，公共服务市场化是实现社会善治的必然选择。政府的失败论引发的政府改革成为公共选择的主要观点，但与传统行政学关于提倡政府注重内部改革的主张不同，公共选择站在最大限度地满足民众多元选择与需求的立场上认为，政府改革的关键是引入和发挥市场价值，将政府的一些职能释放给市场和社会，建立公私之间的竞争关系，通过外部的政府与市场关系的重组来改革政府。其中，公共服务市场化可以说是解决公共物品提供效率低问题的较佳途径。公共服务市场化有三层含义：其一，将决策和执行分开，即政府更多的是“掌舵”（决策）而不是“划桨”（执行）。其二，公共服务的供给者多元并存，打破垄断，竞争发展，提高质量。其三，公共服务的消费者有在多元的供给者之间选择的权力和用以选择的资源，在供需双方的及时互动与反馈中不断提高政府的责任感以及公共产品的质量。对此，奥斯本和盖布勒的《改革政府》和美国加州大学帕克利分校的威廉·尼斯坎南在其论著《官僚机构与代议制政府》中，对重塑政府提出了许多有益的改革主张。

（三）邻里政府理论

政府层级的存在使得在不同层级、不同空间上如何配置资源和供给公共服务，成为社会治理必须面对和解决的一个重大问题。对此，在20世纪60年代，在政治分散化理论流派努力创造政治自由和公共空间的过程中，西方国家发起了一场注重基层治理的理论与实践运动，即邻里政府运动。其主张在邻里层面设立小规模、自治化、民主化的社区组织或邻里政府，旨在对高层城市政府形成一定的权力制衡，促进基层社区的自治和公众参与。这一理论的代表作有密尔顿·科特勒（Milton Kotler）在1969年出版的《邻里政府：政治生活的地方基础》和赫伍德·霍尔曼（Howard Hallman）的《大都市框架中的邻里政府》。在此所说的邻里政府是对各种邻里组织的一种统称，它既包括具有独立性质的邻里政府，又包括半独立的准政府邻里政府，还包括一些由私人住户组成的私人邻里组织等，不同组织在性质和运作模式上存在显著差别。具体而言，美国大城市中兴起的邻里政府主要有以下几种类型：一是独立的邻里政府，主要指一些大城市不同邻里组建的“小市政厅”“小社区规划委员会”“社区委员会”“社区理事会”等组织。二是半独立、准政府性的邻里政府，如社区发展公司。三是私人化的邻里政府，如私人邻里协会。四是邻里联合组织，如邻里联盟。

五、协作性—网络化治理理论

在国家治理的实践中，执政者或管理者必须面对管理领域内多个复杂的政府、组织、项目和工具，公共管理者绝大部分时间都用来处理其自身和其他组织之间的众多相互依赖关系，包括纵向与横向活动。于是在20世纪70年代就产生了一种协作性—网络化治理的现代治理理念，其核心主张就是国家或地方政府在辖区管理的基础上，针对一些跨界性公共问题或公共服务的短缺，与上下级政府、市场、社会之间形成上下左右的纵横协作网络。跨越政府和组织边界进行管理成为公共管理的核心活动。在这种治理模式中，高级管理人员的核心职责不再集中于管理人员和项目，而在于组织各种资源（常常为不属于自己的资源）创造公共价值。政府机关、局、处和办公室作为服务直接供应者的作用已经越来越不重要了，更为重要的应该是成为一个公共价值的推动者，在具有现代政府特质的由多元组织、多级政府和多个部门组成的关系网络中发挥作用。这一治理理念的核心主张就是公共服务的生产和提供可以分离，政府不再是公共服务的直接生产者，而采取政府机构之间的合同、商业化、公私伙伴关系、外包、特许协议和私有化等形式，实现公共服务的有效供给，提高政府治理的效率和能力。这一治理理念的相关理论有府际关系理论、政策网络理论、公私合作伙伴治理理论（简称 PPP（Public-Private Partnerships）模式）、新公共管理理论、政府协同治理理论、数字化治理理论、企业家政府理论等，尤其是 PPP 模式在全球很多权力制约机制健全、市场经济体制早已确立的西方发达国家中得到广泛的应用，取得了显著的治理效果。现选择重要的理论简述如下：

（一）府际关系理论

政府间关系简称府际关系，是一个来自西方的政治学术用语，但对它做出较为明确的定义和解释也经历了大约 30 年的孕育期。最早是美国学者克莱德·斯奈德于 1937 年发表的《1935—1936 年的乡村和城镇政府》一文中首先使用了“府际关系”这一名词，但对此没有做出明确的解释。1960 年美国学者安德森总结性地提出了“政府间关系”这一概念，认为府际关系是指“各类和各级政府机构的一系列重要活动，以及它们之间的相互作用”。他从两个层面对府际关系做出了分析，首先他认为，府际关系是一个比联邦制涵盖范围更广的概念，它除了包括联邦与州、州与州之间关系之外，还包括州与地方、国家—州—地方、地方与地方之间的关系；其次，他认为府际关系的核心是公共事务官员私人之间的相互关系，他们通过经常性的日常接触、相互交往和讨价还价，形成了复杂的府际关系网络体系。

关于府际关系的特征，美国学者狄尔·莱特（Dear Wright）在考察美国联邦制中各级和各类政府之间关系时，概括了五大特征：第一，范围广。他认为政府之间关系比联邦主义概念所包含的范围更广。联邦主义主要强调中央与各州之间的关系，有时也涉及各州之间的关系。而政府之间关系还包括中央与地方之间、各州与地方之间、中央—各州—各地方之间以及地方与地方之间的关系。第二，动态性。政府之间关系是一种持续的、灵活的动态关系。莱特认为政府之间关系是通过政府官员之间的日常接触、了解与估价的形式而产生的关系，是以竞争和合作两种形式进行的正式和非正式的关系。第三，人际性。他引用另一个学者的话说：“真正决定政府各部门之间关系的，实际上是打着办公室招牌工作的人们。因此我们有必要明确指出政府之间关系这一概念主要是指人际关系和人的行为。”第四，公务员的作用越来越重要。公务员已经成为政府之间关系的主体，作用越来越突出。第五，政策的影响越来越大。在美国，由于政策的作用，政府之间新的权力关系与权力结构正在形成。这种新的权力关系与权力结构与美国宪法、法律所规定的关系有所不同。20 世纪 80 年代以来，各国政府改革方案中的共同趋势之一，就是地方政府间伙伴关系的建立与发展。经济合作与发展组织将产生这种趋势的原因归于以下几个方面：第一，环境保护和经济可持续发展等政策问题需要区域内各地方政府间合作处理；第二，由于区域经济发展失衡，地方政府间需要通力合作解决失业和贫穷等社会问题；第三，在经济全球化的冲击下，区域内各地方政府间需要进行资源和行动的整合，才能发挥综合性作用、提升地方竞争力；第四，尽管地方政府为提升其效能，已经与许多私营部门或非政府组织建立伙伴关系，但地方政府间所建立的伙伴关系仍是其他合作关系所无法取代的。

（二）政策网络理论

长期以来，西方国家的政治理论研究一直采用以划分国家和社会权力边界为主的宏观结构研究方法和以分析个体或组织政治功能为主的微观研究方法。在具体国家政策的研究中，这两种方法的关系比较紧张，对政治现实难以做出合理的整体性解释。正是在这一背景下，最早在英国产生了中观层次的政治理论——政策网络理论，试图填补两种研究方法之间的空白。它的形成既摆脱了传统政治学的“宏大”的理论分析模式，也跳出了行为主义政治学研究对象过于微观的理论困境，成为目前西方政治学和公共政策分析领域的前沿学科。但是，在政策网络理论的研究和发展进程中，西方学者之间形成了不同的理论和流派，政策网络相关研究可分为 3 类，即所谓美国传统、英国传统和德国荷兰传统。例如美国学者强调在公共决策中，组织和个人构成一个行动整体，而由众议员和参议员、少数政府官僚、关注该项政策的私人性团体和组织的代表等组成的“潜政府”，在日常决策中发挥着更为重要的作用。而英国的学者是从中层理论的角度对政策网络进行研究的，认为它是一种利益中介结构。如本森（Benson）在使用政策网络理论框架分析英国中央与地方的关系网络时，发现地方政府与中央政府之间的互动并不是多元竞争的，而是地方政府被整合为少数重要的代言人，才开始与中央政府进行谈判与互动。而德国的学者将政策网络上升到宏观的层面，对于不同的治理概念和模式进行了探讨，强调了市民社会和国家之间的合作与共治关系。可见，政策网络作为一种新兴的政策分析工具，由于研究基础和视角不同，因而呈现流派林立、观点各异的局面，尚未形成一致的解释。

综观国内外的“政策网络”研究，笔者认为，政策网络就是在公共政策决策过程中，政府与其他利益成员之间在平等、互利、开放的基础上，构建制度化的互动模式，对各自关心的相关议题进行对话与协商，以追求政策利益的最大化和均衡化。政策网络的核心观点和内涵主要包括以下几个方面：①在方法论上，政策网络是旨在追求宏观研究与微观研究相结合、分析政策参与过程中利益集团与政府关系的中观层次方法和理论框架，其深层次的目的则是构建政府与利益集团之间平等、互利、协商的一种内在机制。②在参与主体上，政策网络包括政府和其他利益行动者，呈现主体多元化和关系网络化的特征。在政策的制定过程中，政府或官僚并不是唯一的行动主体，政策网络内的行动者包括行政人员、国会议员、学者专家、利益团体等与该政策有利益关系的个人或团体。在政策网络中，政府、社会集团和市民社会的相关利益主体的利益都得到表达。因此，政策网络内部，除了政府或官僚内部之间的关系外，政府与其他社会组织之间因为法定权威、资金、信息、专业技术与知识等资源的相互依赖而结合成行动联盟或者利益共同体。③在主体间关系特征上，多元主体之间保持平等、对话、协商的关系。政策网络强调，在公共政策制定过程中，政府不应该占据官僚化的强势地位，应该与其他社会组织或相关利益者保持绝对的平等关系。在所有公共政策制定过程中，协商和合作成为政府和其他集团之间的主导关系，利益表达和利益诉求借助协商、谈判等方式，通过谈判、妥协的形式达成共识，而非依照以政府权力为基础的支配——服从关系，来强制性、单方面地形成公共决策。建立在平等、互利、协商、让步、妥协等关系基础上的公共决策，一方面有利于各方的利益得到表达和实现，另一方面也有利于公共政策目标的实现。④在跨界区域合作上，政策网络理论认为，跨界合作网络不是包括诸多合作主体或合作动机的一个相互分离的概念，而是一个由社区、城市政府、区域政府都参与的完整政策体系。之所以采取这种积极的网络性合作政策，是因为每个合作主体力争成为公共过程的参与者，来实现对各方都有利的公共利益。通过跨界合作网络，一方面能够提高地方政府之间的相互依赖性，增加各方面的交流与协商，减少城市或区域之间的利益冲突；另一方面也能够有效打破等级政府模式下高度集权化的格局，消除跨界区域经济发展的潜在制约因素。总之，政策网络理论强调政府间关系，尤其是地方政府间的相互关系，对跨界合作动机和网络的形成具有至关重要的作用。

（三）公私合作伙伴治理理论

公私合作伙伴，是20世纪80年代以来西方国家政府治理创新中出现的一个概念，但学者们的解释不尽相同。有的学者认为，合作伙伴关系是指多个部门（如公共部门、私营部门、非营利部门）中两个或更多组织间有意的合作关系，这种合作关系聚集了资源，以确认并进而寻求一种解决共同问题的联合途径。有的学者从组织学的角度出发，认为合作伙伴关系是指两个或多个组织实体中任何一方都在无法独立完成相关事务时采取的联合行动，以及为发起联合行动而做出的所需组织资源的相互承诺。欧洲城市治理中更加宽泛地称其为“伙伴制”，就是指为了解决某一特定问题，由一个特定的城市政府部门与其他人结盟来推行一项政策的过程。这种联盟可能只是一种临时性的特别安排，或者是由若干人参与的一种长期战略。

可见，从不同学科角度出发，就会对合作伙伴关系有不同的解释。但我们认为，对城市公私合作伙伴治理，可以从三个方面进行理解：首先，从广义上，其是指公共部门和私营部门共同参与城市生产和提供公共物品与服务的任何制度安排，如合同承包、特许经营、补助等制度；其次，它是指一些复杂的、多方参与并被民营化了的基础设施项目；最后，它指的是企业、社会贤达和地方政府官员为改善城市状况而进行的一种正式合作。也就是说，公私合作伙伴治理是指对城市公共服务提供者、消费者和生产者之间关系的重塑与再造，通过打破传统的公私边界，提供跨边界公共服务，以更好地满足市民的多元化需求，提高城市整体管理能力。

一般来说，城市公私合作伙伴治理具有以下几个特征。第一，一个合作伙伴关系涉及两个或更多的参与者，而其中至少有一方为城市公共部门，但合作伙伴的效用主要取决于公共部门与私人部门双方的一致行动。在实践中有些合作伙伴关系属于城市公共部门间伙伴关系，但在某种特殊情况下，这种合作伙伴关系仍然具有公私互动的某些特征。例如，当一个公共参与者，或不受直接的政治控制而具有较高的自治程度（如美国的特别区政府），或是更具市场化性质的组织，或本身就是一个准政府，那么这个公共参与者将会在此伙伴关系中更多地发挥类似一个私营组织的功能。第二，合作伙伴中的每一个参与者都是拥有相对权力的领导或首长。每个参与者都能够从自身利益出发进行讨价还价，而不是必须求助于其他权力机构。因此，为了提高效率，每个参与者都必须具有很大的行动自由。而通常由于受多层行政控制和预算约束，城市公共部门很难获得这种具有自治性质的行动自由。所以，合作伙伴中相对独立的权力关系使得每个参与者都倾向于构建一个稳定的组织委员会，来具体负责合作伙伴的相关事宜。第三，合作伙伴的所有成员之间应是一种持续性的关系，具有一些连续性的交互行动。在公私伙伴关系中，公私组织间会有很多简单、临时性的事务交易，例如城市政府可以购买或销售公共产品和服务，能够征收罚金和税收等。但这些关系不能表明他们之间有真正的持续性互动关系，即使一个城市政府每年向某个私营机构购买服务而返还税收收入，也不能算作是真正的伙伴关系。真正的合作伙伴关系则是一种连续性关系，其主要标志就是自始至终存在多个成员之间的谈判与协商。第四，每个参与者对相应伙伴会产生某种重要影响，因而伙伴关系是一种真诚的关系。这是因为在伙伴关系中，每个参与者都会向自己的伙伴转移一些物质或非物质方面的资源，例如资金、公共土地等物质资源的转移较为明显，而权力、价值观等其他资源转移则不甚明显。很多时候，我们想当然地认为这种资源转移大多来自城市公共部门，而实际上，在当今对政府效率和有效性存在质疑的时代，私营部门的参与也许具有更重要的作用。第五，在真正的伙伴关系中，伙伴成员对他们的相关行动结果必须共同承担责任。在有些公私伙伴关系中，公共部门收到私营组织的建议后仍然控制着政策的决定权；相反，一个真正的公私伙伴，其自治和协商性决策会产生共同承担的责任，并且要对难于做出决策的一般市民和组织机构负责。

六、智慧治理理论

这是2008年全球金融危机以后，由美国学者尼古拉斯·伯格鲁恩在分析西方民主治理机制危机和中国现代官僚体制治理有效性的基础上，提出的一种中西混合型治理模式。其旨在实现美国危机式民主治理体系的改造，以有效应对全球转型的各种挑战（如社交网络、巨型城市、生产能力的全球化扩散、民主意识的持续高涨等）。其核心观点如下：

首先，智慧治理指的是如何将一个社会的文化习惯、政治制度和经济系统结合起来，为人民提供他们所渴求的美好生活。当这些结构要素平衡地结合在一起，有效地、可持续地增进公共利益时，就是良政。当根本条件发生变化时，一旦有效的实践出现障碍，就会产生劣政；或者当有组织的特殊利益集团攫取主导地位、出现政治衰败时，也会出现劣政，甚至两者会同时发生。然而，当今西方国家的债务和赤字使财政难以为继，实行贸易保护主义的卡特尔垄断集团耗尽了经济的活力，腐败摧毁了信用，社会的流动性停滞，不平等等现象持续恶化，主流共识失去了合法性，衰退便开始了。用体制的功能障碍和衰败来描绘现在大多数西方民主体制的治理都是恰当的。曾经被认为最理想的西方所谓自由、民主的治理形式，正遭到非西方现代性的挑战，最引人注目的就是中国的现代官僚制度和国家领导的发展模式。

其次，当今的经济全球化发展正从1.0升级为经济全球化2.0，曾经处于边缘地带的包容性治理革命正在崛起，东西治理模式的融合与平衡成为主流。当今，迅猛的科技革命给世界所有国家都带来了巨大的压力和挑战，所有政治体制都在试图做出调整。更为重要的是，冷战结束以后的几十年，美国主导的经济全球化1.0时代开始进入了一个多极的经济全球化2.0时代，原来一些处于边缘地带的经济体开始重新崛起并逐渐成为核心，这是当今世界发生的最大事件。此时，全球正在发生着两个并行、互动的革命：发达国家进行的工业革命以及发展中国家突然扩散的急剧增长模式（称为包容性革命）。随着多元文化的离散式发展，经济全球化2.0开始呈现多元特性间的互相依赖，而非普遍使用的单一模型。人类社会出现了前所未有的密集整合状态，开始在多元文明图景上进行合作和互相学习，世界真正回归为“正常的多元化”状态。在强烈的社会流动面前，到处都表现出跨界整合与政治觉醒，人们正要求有尊严地参与有意义的政治活动。于是如何促进东西方不同治理模式的融合、增强政治的平衡协调能力，逐渐成为主流和大趋势，这就是所谓的智慧治理。

最后，智慧治理的实质就是一个国家或城市政体，对经济全球化 2.0 时期多元、多重挑战表现出的平衡能力，其基本要素包括下放权力、包容公民。同时，把决策机制分散到有能力进行体制整合的各种机构中，由此增进代表政治权威机构的合法性和认可度。也就是说，实现智慧治理的最佳途径是将美国“消费者民主”和中国选贤任能的“现代官僚制”相结合的“理想的混合宪政样板”，主要做到如下几点：公民参与社群生活；立法机构和行政长官通过民主选举产生；将权威赋予一些独立的职能机构；培养超越争端的道德力量；行政机关保持高水准、诚信度和透明度；评估治理效果等。这是美国学者提出的基于西方民主视角下的“智慧治理理论”。

第二章　社会治理的历史经验及启示

中华民族是一个拥有五千年历史的文明大国，在人类历史中创造过辉煌的成就，积极总结和吸取历史的有益经验并古为今用，是推动当今社会不断进步的重要策略之一。中国社会治理是一个不断创新、不断改进的连续过程，不同时期形成了一些独特而有效的社会治理方法，期间特有的社会文化心理在社会治理、社会制度建设中始终发挥着特殊的作用。充分尊重中国人的文化心理特征，积极借鉴历史上成功的经验和做法，理应成为当今创新社会治理的重要路径之一。为此，本章以古代基层社会为主要分析对象，对不同历史时期形成的社会治理经验加以提炼和总结，以为当今创新社会治理提供一些借鉴和启示。

第一节　中国古代的社会治理方法

中国古代社会主要包括夏、商、周［西周、东周（春秋、战国）］、秦、西汉、东汉、三国时期（魏、蜀、吴）、晋（西晋、东晋）、南北朝［南朝（宋、齐、梁、陈）、北朝（北魏、东魏、西魏、北齐、北周）］、隋、唐、五代（后梁、后唐、后晋、后汉、后周）、十国（前蜀、后蜀、吴、南唐、吴越、闽、楚、南汉、南平、北汉）、宋（北宋、南宋）、辽、西夏、金、元、明、清（前中期）等历史时期，历时几千年，历史文化源远流长，在人类发展史上创造过巨大的辉煌。而就社会治理而言，不同朝代具有不同的社会管理制度，成效不尽一致。但作为一项具有惯性思维的朝廷治理手段，仍然存在一些行之有效的共同做法，值得现代中国创新社会治理时加以借鉴和吸收。纵观之，古代社会的有效治理方法有以下几点：

一、树立以民为本、德治为先的治国思想理念

（一）树立以民为本的治国思想

处理好国家与民众之间或君民关系，是历朝历代统治者治国理政、进行社会治理

首先考虑的基本问题之一。特别是春秋战国时期社会动荡，百家争鸣，无一不强调民心向背的力量。因此，古代社会治理特别重视和崇尚民本思想，认为民心的向背关系到社稷的安危，君主应以安民为务，将爱民、重民、利民、富民作为治国的重要目标。出自《尚书·夏书·五子之歌》曰："皇祖有训，民可近，不可下，民惟邦本，本固邦宁。"这是关于民本思想的第一次呐喊。不过，古代社会民本治理思想的确立离不开一些伟大思想家的努力，如孟子提出了"民为贵，社稷次之，君为轻"的政治秩序理论，要求统治者要有"忧民之忧"及"与民同乐"的思想境界，要有解民于"倒悬"的政治作为，要建立"恒产"的产权制度以保障民生。荀子则更进一步提出"天之生民，非为君也；天之立君，以为民也"的立君为民权力观等，这些思想说明一点，君主或国家只是社会治理的主体，广大的民众才是社会治理的客体，客体是基础。只有实施以民为本的治理方略，才会形成有序、民主的社会状态；如果违反人民的意愿，政权合法性会受到威胁甚至有可能被颠覆。

（二）树立德治为先的理念

古代社会治理虽然存在德治与法治的争论，特别是韩非子的法家思想在秦朝统一六国中发挥了巨大威力，也对社会生产力的解放和社会稳定发挥了巨大的作用。但总的来看，古代社会的治理更注重和强调道德规范体系建设，从天子到庶人，积极倡导自我品行的修养与修炼，尤其是在以农业为主的熟人社会，更强调依靠道德约束的自我管理和自觉治理。古代帝王历来高度重视对官吏的道德标准，克己奉公、廉洁自律成为古代儒家德治思想在吏治方面的基本要求，才从属德，因而思想品质和道德修养也成为古代帝王选人用人的重要标准，"修身、齐家、治国、平天下"成为统治者的"为政之本""德治之本"。在家庭方面，提倡"父慈子孝，兄友弟恭"，自觉维护家庭的和睦。在社会公德方面，非常重视和强调对百姓进行伦理道德教育，通过教育感化人民，使人向善，使人明人伦、守礼义。对此早在两千多年前，孔子就说过："道之以政，齐之以刑，民免而无耻。道之以德，齐之以礼，有耻且格。"孔子的"为政以德"的理念确立了中国古代几千年的"德治"传统。一些成功的统治者，无论是取天下还是治天下，都不忘施"仁政"、行"德治"。

二、建立健全多样化的基层治理组织体系

综观中国古代社会的发展历程可知，尽管自宋朝以来，以江南城镇为代表的商业获得了巨大发展，但在长期奉行"重农抑商"的国策和较为低下的经济发展水平背景下，中国古代社会整体上是一个中央高度集权的典型农业社会、等级社会。建构一套

符合大国农业社会特点的组织架构，处理好国家与民间的关系、集权与自治的关系，有效管控乡村社会秩序，始终是历代朝廷高度重视并加以应用的一种治理手段。为此，古代社会治理非常注重建设基层组织管理体系，为社会稳定提供了重要组织保障。

（一）以乡里制和保甲制为主的乡里组织

由于皇权不下乡，古代中国乡村社会的管理主要依托乡里组织展开和进行。乡里组织不是一级政权单位，它没有政权赋予的立法权、司法权及“法定”的执法权，也没有组织体制的上下级隶属关系，但在乡村公共事务治理中居于主导地位，发挥着重要功能。

其中萌芽于夏商周时期的乡里制，既是古代基层区划的起源，更是将人口分布与户籍管理紧密结合的基层居民军事化管理形式。当时，乡、党、邻、里是四种最基本的组织形式，根据《周礼》一书的记载，乡里划分为“六乡六遂”，乡设于“国”即西周国都地区，遂设于“野”，即国都以外的地区，国中“五家为比，使之相保；五比为闾，使之相爱；四闾为族，使之相葬；五族为党，使之相救；五党为州，使之相赒；五州为乡，使之相宾”，“六乡”分别设置比长、闾胥、族师、党正、州长、乡大夫等职；野中“五家为邻，五邻为里，四里为部，五部为鄙，五鄙为县，五县为遂”，“六遂”则设有邻长、里宰、鄙师、县正、遂大夫等职。并且当时乡的层级高于后世州县的行政建制，遂的层级亦高于州县。秦汉时期实行郡县制，县下置乡、亭、里为基层政权组织，朝廷命官至郡县而止，其乡里制度则逐步成熟。这种“皇权止于县政”的做法为乡村社会留下了自治空间。乡里组织具有半自治状态及性质，国家治理呈现“上下分治”的格局，对此我国社会学家费孝通先生将这种格局称为“双轨”政治。虽然我国古代没有“自治”之名，却有着“自治”之雏形。魏晋南北朝时期沿袭汉制，只是乡里的层级开始下移，并开始出现“村”。

而到了隋唐两宋时期，乡里制转向了保甲制，其中隋朝实行族、闾、保三级制，《隋书·食货志》载：“制人五家为保，保有长。保五为闾，闾四为族，皆有正。”唐代又实行乡、里、村三级制，全面推行村制和坊制，《旧唐书》和《资治通鉴》等文献记载，“百户为里，五里为乡。两京及州县之郭内，分为坊，郊外为村。里及坊村皆有正，以司督察。四家为邻，五邻为保。保有长，以相禁约”。村正、坊正主要是“掌坊门管钥”和“督察奸非”，有权助捕、纠告、治盗、捕亡等，主要作用在于维持村内社会治安、进行基层管理。宋神宗熙宁年间王安石厉行变法，全国推行保甲法，规定“十家为一保，选主户有干力者一人为保长。五十家为一大保，选一人为大保长。十大保为一都保，选为众所服者为都保正，又以一人为之副。应主客户两丁以上，选一人为保丁。附保。两丁以上有馀丁而壮勇者亦附之。内家赀最厚、材勇过人者亦充保丁”。在保、大保、都保中分别设保长、大保长、都保长和副保正，凡差县差役、政府科敷、县官杂使、监司迎送，皆责办于都保之中。保甲制的实行大大弱化了传统乡村社会的自治色彩，政府权力进一步向基层渗透。元代在沿袭唐宋保甲制的基础上出现了都图制以及“村社”，还设置村社之约，以处罚之法来进行管理，并办有社学，对乡村子弟进行教育。明清两代保甲组织的功能得到进一步强化，除承担人口管理职责、互保连坐、治安报警之类任务外，还承担一切地方公务管理职责，成为发挥行政职能的地方基层行政组织。

乡里组织诸功能的发挥虽然不是借助法定权力，但却凭借道德力量的支撑，形成以德治乡的传统，道德教化从而居于重要地位。周代乡里就设有引导教化的乡老之职，战国出现“三老”。汉代儒家思想居于支配地位后，重视以“王道”治理乡村更突显出乡里组织的教化功能，设置乡官里吏以期“劝导乡里，助成风化”。汉代的三老制、明代的老人制都十分典型。三老、老人均是道德的楷模，“三老，众民之师也”，他们率众为善、为民表率，通过言传身教使儒家伦理规范渗透于乡间社会；他们又充当着乡里社会的“调节器”，除那些重大事件诉诸县署衙门外，乡村的冲突、纠纷主要由他们调解、解决。“三老”的特殊地位无疑与皇权以伦理道德规范巩固基层社会秩序的主旨相符合，因为以道德治理广大分散的乡村是一种最经济的方式。

（二）以家长制为显著特征的宗族治理组织

家族是由父系组成的亲属关系。家是一个经济单位和共同生活团体，而族则是“生相亲爱，死相哀痛，有会聚之道”的群体，族实际上是家的结合体，为一血缘单位。依父宗而论，凡是属于同一始祖的男系后裔，都属于同族团体。当今社会，每当说到宗族的时候，往往与封建思想联系在一起，代表着落后的一面。但实际上人的生存发展离不开浓浓的血缘关系，家庭、宗族在社会成员建立联系、适应环境变化、处理人际矛盾及公共事务治理中具有特殊的作用。正因为如此，在强调“家国一体”“皇权至于县”的宗法国家背景下，中国古代社会属于典型的家族式父权家长制社会，在县以下的广大农村熟人社会中，宗族组织及其有效治理恰恰成为中国古代基层社会自治的重要基础。但是，随着朝代的不断更替和政治经济制度的演化，家族制度也处于不断的发展变迁过程中，宗族制度的演化经历了商周时期的典型宗法宗族制、汉唐世家大族式宗族制、宋代家长制宗族制等过程，不同时期具有不同的组织形式、治理方式和特点。如宋代宗族组织建立的“义庄”用以“济养群族”，使族人“日有食，岁有衣，嫁娶凶葬，皆有赡”，是一种社会自我保障形式，其民间互助性质明显。设立义庄以恤族，恤族又可睦族，且义庄“择族之长而贤者”来管理，从而形成一个团结、有序和稳定的社会群体，在“义”和“利”之间建立起了有中国特色的隐蔽纽带（见“专栏 2.1”对范氏义庄的介绍）。明初广建“族田”（即家族公共的田产），进一步扩展了义仓的功能。明清时期宗族义田的功能除养济族人外，其收入还用于各种公益事业，如修水利、铺道路、架桥、设渡等。族田对于地方而言是可营利的经济体，它以互助救济的方式为地方小范围公共事务管理提供了资金支持，其公共性和自治性显而易见。

专栏2.1 范氏义庄介绍

范氏义庄有八九百年的漫长历史，在中国历史上是独一无二的。范仲淹父子通过义庄给族人所规划的经济生活有如下几方面：

1. 领口粮

凡是族人，每天可以领 1 升白米的口粮，粮是一月一领，即每次领 3 斗。米要保证是白米，如果是糙米，加领二成。每一房还可以领一个奴婢的口粮。

仆人在范家服役 15 年，年龄已到 50 岁的，其儿女也按口领米。

范家子弟有外出做官的，不能领口粮；但如丁忧、候选在家，或者在边疆做官而将家属留在乡里的，照常支领口粮。

2. 领衣料

每年冬天，一人领绢 1 匹，5 ～ 10 岁的儿童领半匹。

3. 领婚姻费

凡嫁女的领钱 30 贯，这个女子若第二次出嫁，再领 20 贯。

凡娶媳妇的领钱 20 贯，若第二次娶亲就不能再领了。

4. 领丧葬费

族人死了，按其辈分领取安葬费。尊长丧支领 25 贯，次长丧 15 贯，19 岁以下卑幼丧 7 贯，15 岁以下 3 贯，11 岁以下 2 贯，7 岁以下及奴婢均不能领取。

5. 领科举费

族人取得大比资格的，可领路费 10 贯，第二次大比，再领 5 贯；若无故不赴试，已领之钱交还义庄。后因物价上涨，增加给钱数目，以使“子弟知读书之美”。另外，义庄设有义学，请本族有功名的人教育本族子弟，并给教授者束修。

6. 借住义庄房屋

义庄设有义宅，供族人借居。若房舍需要修理则自行设法，如果本人确实贫乏无力修缮，从义庄领钱修葺。本人有余力，在义宅地内建造房屋，听其自便。

7. 借贷

族人一时急用，可向义庄告贷，但不得经常借，且要到时偿还。若不能归还，也不扣他的月米，以保证他的基本生活。

按照这些规定，范氏义庄中人们生活需要的口粮、衣服、住房可以无偿获得，重大事项如丧葬婚嫁的经费，也不用发愁就可以得到。因此说他们的基本生活费是有保障的，需要自己创收的主要是零用钱。但如果要提高生活水平，当然义庄所给予的就远远不够了。总之，范家人由于义庄的供给，不会为柴米油盐发愁，生活上过得去。

这里值得注意的是，凡是范家的族人，只要住在本乡，就有权利向义庄领取上述物资。这范庄子孙是不分贫富的，一视同仁。

而后世其他家族的义庄，只给贫穷的族人以经济资助，而不像宋代的范氏义庄发给每一个族人。

宗规族约是宗族组织进行有效治理的基本准则，没有规矩，不成方圆。古代社会的宗族是一个以血缘关系为纽带的大家庭，其有效治理主要依靠的是一套以儒家伦理规范为取向的宗规族约，即家族自己制定、借助尊长权威施行、要求家族成员共同遵守的各种行为规范和规章制度的总称，多是父辈、祖辈对子孙家人、族长对族众有关居家治生、修身处世等的教诲训示和禁戒规定。综观古代社会的宗规族约发现，不同宗族之间的约定内容不尽一致，但其作为调节利益关系的行为准则，在实施宗族自治、乡间公共事务治理中发挥的作用基本相同，主要体现在以下几个方面：

第一，确立宗族自治的领导成员和治理权威，即选族长。如明代万历年间江苏海安的《虎墩崔氏族谱》的《族约》，首条就是“立族长”，规定“推择宗中齿德并隆者一人为之”。家有家长，族则有族长，族长权在族内的行使可以说是父权的延伸。设立族长之所以必要，一是为了处理许多家族的共同事务，二是为了调节家庭之间的社会关系、冲突矛盾，维护家际之间的社会秩序。族长过问和处理的主要是家际间的公务，如族田、族祠、族学等的管理，族长还负责家族的主祭，全家族人必须参加。族长负责处理族内的纠纷，实际上是族的执法者、法官和仲裁者，族长的命令即法律，且具有最高权威，甚至能够发挥法官不能发挥的功能。族长甚至可以对族人处以体罚，或开除族籍。社会和法律都承认族长的这种权力，家族实际上是政治、法律的基本单位，家族是最初级的司法机构。家族团体以内的纠纷及冲突首先由族长处理，不能调解处理的才由国家司法机构处理，而家族主要通过维持家族内部的秩序来对国家负责，整个社会的秩序也得以维持。第二，促进家族内部以及族群之间关系的和睦。坚持和追求内睦家齐、外睦相济，实现同村不同宗族之间的和睦相处，是诸多宗规族约的主要内容之一。如明代官吏蒋伊在其制定的族训《蒋氏家训》中要求族人“和睦邻里族党，勿听家人及妇人言致争”。元代浙江浦江郑氏家族的族训《郑氏规范》叮嘱族人“当以和待乡曲，宁我容人，勿使人容我”。第三，维护友善、宽容的邻里关系。对任何时代来说，邻居或邻里关系是社会生活中必须面对的社会关系之一，邻里关系和谐是社会和谐的重要根基之一。推崇亲近、友善、宽容的精神，塑造和谐的邻里关系，是古代社会宗规族约倡导的主要内容之一。如宋代袁采的《袁氏世范》的“治家”篇中提出“睦邻里以防不虞”的思想，认为“居宅不可无邻家，虑有火烛，无人救应”“至于邻里乡党，虽比宗族为疏，然其有无相资、缓急相倚、患难相救、疾病相扶，情义所关，亦为甚重”。第四，积极履行乐善好施、救难济贫的互助与慈善行为。仁民爱物、扶危济困、救难济贫是中华民族优秀的传统道德，也是宗规族训教化的重要内容。如被朱元璋赐以“江南第一家”美称并在此后屡受旌表的郑氏家族，在其《郑氏规范》中规定对同宗族的人要多加体恤帮助：缺粮者每月给谷六斗；不能婚嫁者助之；宗族子弟上学，免其学费；无地者听埋义冢之中；无衣裘者量力助之。除了帮助同族人之外，还提倡要努力帮助外乡人、鳏寡孤独之人和其他贫困人家。

古代社会的这些家族不仅订立家规族训，而且在敦族睦邻教化上亦有得力而有效的途径，如立族长（宗子）、置族产、修族谱、建祠堂等，在基层家庭成员的教育、修身、治家、处世等方面发挥了独特而有效的作用，特别是旧时的祠堂成为团结、凝聚族群关系的重要象征。客观上讲，宗族自治组织崇尚光宗耀祖、遵纪守法、恤贫助学、邻族和睦，在调整微观人际关系、提高传统生产技术、弘扬民族品德方面起到了一定的积极作用。

（三）以调解纠纷和社会教化为主的乡约组织

伴随着古代社会乡里制度的不断发展，逐步形成了一种建立在血缘或地缘关系基础上的特殊治理组织——乡约，是古代社会自治治理的一大组织类型。从性质上说，“乡约”并不是简单的“乡规民约”的简称，与“乡规民约”是两个不同的概念。但“乡约”具有乡规民约的内容与特征，“乡约”的出现比乡规民约要晚上千年，乡约是在规约的基础之上形成的。据考证，最早的成文乡约出现于北宋时期，《吕氏乡约》即《蓝田乡约》是我国历史上第一部成文的乡约，它除了具有一般乡规民约的基本特征外，又有一套较完整的体制，包括组织机构、聚会时间、赏罚方式等，这使得它更多地表现为一种民间基层组织。按照规约，约中需推举正直不阿者一二人为约正，负责决是非、定赏罚。它用通俗的语言规定了处理乡党邻里之间关系的基本准则，规定了乡民修身、立业、齐家、交游所应遵循的行为规范以及过往送迎、婚丧嫁娶等社会活动的礼仪俗规。

选一人为“直月”，料理约中杂事。乡民如违反约规，约正可根据其属“犯义之过”“犯约之过”或“不修之过”，而分别处以100至500钱不等的处罚，屡犯不改者开除出约。同约人每月一“聚”、每季一“会”，有善恶行为者，聚会时当众赏罚，并一一记录在册。很显然，当初的乡约是一种民间社会自发形成、有相应组织制度做保障的基层治理组织，主要发挥互帮互助、化解民间纠纷、处理公共事务的职能。

在长期的历史发展进程中，乡约组织在性质上发生了从民间组织向半官方组织直至官方组织演变的过程，其治理功能也发生了相应的转变。如宋代的乡约一般是地方乡绅自发形成的民间互助组织，其主要目的是彰善瘅恶、互帮互助，同时对基层民众实行道德约束。在此过程中，其良好的治理效果得到了朝廷的肯定和支持。到明朝正德年间后社会危机程度进一步加深，官府倡办、督办乡约成为主流趋势。嘉靖以后，明朝廷开始在全国推广乡约，兵部下令推行保甲乡约，建立了多元、复杂的乡约组织，形成了官办乡约、保甲、社学、社仓以及专业性民办乡约并存的复杂基层治理体系。需要指出的是，明、清两代，乡约不再是纯粹的民间自发互助型组织，逐渐转变为官府实施社会教化的重要载体和工具。明太祖于洪武三十年颁布“圣谕六言”作为教化万民之大纲，各地乡约纷纷以《吕氏乡约》为蓝本，规定了明确的宣讲制度，进行各种宣讲活动，以实现对民众的普遍道德教化。特别是王阳明制定的《南赣乡约》，规定约长一人，约副二人，约正四人，约吏四人，知约二人；约长为约中最高首领，其任务是收掌善恶薄，约正、约副负责一约中所有事务，他们均由年长有德、通明礼义、公正果断、众所推服者担任；它要求“同约之民，皆宜孝尔父母，敬尔兄长，教训尔子孙，和顺尔乡里，死丧相助，患难相恤，善相劝勉，恶相告诫，息讼罢争，讲信修院，务为良善之民，共成仁厚之俗”。该乡约及其实践成为明代推行乡约教化的代表与典范。

到清代以后，朝廷更加注重对社会成员实施普遍的道德教化，乡约就成为朝廷直接干涉、强令建立的组织制度，不少地方在临观寺庙或空闲房屋中设乡约所，甚至在咸丰、同治年间建立了乡约局，通过官方组织宣讲活动，将《圣谕十六条》和《圣谕广训》等内容顺利地普及到民间中去，乡约的社会教化功能发挥到了最大。与此同时，乡约的基层司法职能得到进一步的增强，“掌办关于词讼之和解、拘捕、押送及传达命令等事”，开始履行本应由官役承担的职能，至此其自治精神日渐式微，束缚色彩日增。

（四）以私社、会馆、公所、行会等为代表的民间协作互济组织

除了乡约外，随着经济的发展和社会利益的进一步分化，古代社会当中的不同利益群体按照互帮互助、协作治理的原则，在隋唐至明清时期出现过一批以私社、会馆、公所、行会等为代表的民间自治互助组织。这些组织在强化社会群体的联系、化解社会风险、处理民间纠纷、自治公共事务等方面发挥了十分重要的作用。其中，“社”的本义是指先秦时的土地神，亦指祭祀土地神的场所，后代逐渐演变为地方基层组织或民间团体。如早在汉代时期，中央、郡、国、县、乡、里各级行政机构都立有社，

即“公社”“官社”，同时也出现了一种基层庶民自发组织的“私社”，其活动具有私人化、自愿化、自治化的特征。汉代以降，民间私社越来越盛行。私社的形式多样，有以宗族而聚的宗社，有以信仰相联系的佛教社、道教社，有按阶级和职业结成的官品社，有按性别组成的女人社，有以农业活动组建的渠社、锄社，等等。私社的功能各异，如管理维护水利，帮助社人抵御天灾人祸，为家境贫困者提供经济资助，共同面对官府的赋税征收，筹办百姓的婚丧大事及立庄造舍等。

会馆、公所、行会则是自隋唐至清代以来，随着商品经济和贩运贸易的繁荣发展，主要在商业城市社会兴起的一种工商业自治组织和社会团体，在联络乡谊、维持市场秩序、限制竞争等方面发挥了独特而有效的作用，成为城市社会治理的重要力量。其中，会馆主要是外来商人在某一经商地为联络乡谊、相互支持而设立的商人组织，有较浓厚的地域乡土色彩，大部分以商人的原籍地来命名，但也具有行业性质，是行业性与地域性的“二重性”的统一。商人会馆大量出现是在清代，以康雍乾嘉时期为盛，主要遍及各地商人多的商业城市，而尤以当时最大的商业中心苏州为最多。如据范金民统计，截至清末共有会馆（不包括公所）45 所，其中建于前明时 3 所（岭南会馆、三山会馆、东官会馆），始建于康熙时 12 所，建于雍正时 1 所，乾隆时 16 所，嘉庆时 2 所，清后期 10 所，年代不详者 1 所。在功能上，商人会馆除了促成土客商帮共同协商交易规范、维护客籍商帮在经商地的利益之外，重在发挥乡土宗亲的关系，还办理殡舍、义冢、善堂、义庄、留医所等，在联络感情、团结同乡商人、塑造商人道德、处理日常生活事务中发挥着十分重要的作用。

清中叶快步行进的商人会馆，至道光以降便趋于停滞，而另一种商人组织——公所却赶上甚至超过了会馆，许多新设的（甚至是老的）不再称会馆而称公所。据统计，截至清末明确称公所者，苏州有 162 所（包括昆山、吴江县，不包括民国时成立的）；上海有 111 所，大大多于清前期苏州、上海的会馆之数。公所是在经营地不分外来商人、本地商人，共同按行业重新组合的商人及手工业者的组织，突出其行业性，而且是某地的某行业的全行业组织。与只限于外来同籍同帮商人的会馆不同，公所开始成为不分籍贯，包括本地、外地商人在内的同行业组织，这在解决同一行业、市场不统一的矛盾方面具有明显的进步和发展。在职能上，公所为同业议事办公之所，主要在商品价格上、质量上、负担分配上、供销挂钩上、商业道德上做到行业的规范化，以协调行业内部的关系，同时也针对同行业群体做一些资助老、病、废、疾等善事。随着公所从地缘性组织向行业性组织转变，会馆和公所的行业性特征日渐显现，于是出现了更具行业性特征的行会组织。其纷纷制定各自的“行规”“同业章程”等，在促进行业规范发展、维护市场有序竞争、保护劳动者合法权益等方面，具有一套自治、公认、有效的行业性自我治理体系。

三、绅士阶层在基层公共治理中发挥着独特的作用

在中国实施科举制的制度背景下，在宋、明、清等历史时期的基层社会存在一个十分重要而特殊的社会阶层——“绅士或乡绅”，是封建社会结构的“四民之首”。至于如何界定我国古代的这一特殊群体，国内外历史学家有不同的看法。如美国历史学家费正清认为狭义的绅士是通过考试和捐纳取得功名的个人，而广义的绅士则是“一群家族”，因为“作为个人的士绅是公家官员，掌管政治和行政事务。但他们也是处在家族关系中的成员，并依靠家族关系来维持他们的生计”。费孝通认为：“绅士是一群特殊的会读书的人物，是退任的官僚或是官僚的亲亲戚戚。他们在野，可是朝廷内有人。他们没有政权，可是有势力，势力就是政治免疫性。”张仲礼认为：“绅士的地位是通过取得功名、学品、学衔和官职获得的，凡属上述身份即自然成为绅士集团成员。功名、学品和学衔都用以表明持该身份者的受教育背景。官职一般只授给那些其教育背景业经考试证明的人。”尽管学者们对中国明清时期绅士的界定存在不同的看法，但绅士作为“居乡之士”和“在野之官”的一个特定文化阶层，既拥有着国家所赋予的法律特权和经济特权，又在当地人民群众当中具有较高的认同度和威望，成为国家和民间社会的一个有效链接群体，在基层社会治理中发挥了独特的功能和作用。具体而言，这一特殊阶层在基层治理中主要发挥着如下功能：

（一）在维护社会秩序方面具有重要作用

例如，绅士在家族中担当仲裁者的角色。由于绅士在本族中具有较大的影响力，处于族内的领导阶层，因此他们在处理家族事务和民事纠纷方面具有较大的威信。其实际上是执法者的角色，绅士在这方面的权威是至高的，其效力绝不亚于法官。除了仲裁族内之事，绅士还帮助地方政府处理政事。

（二）倡导并积极参与社会自治实践活动

绅士或乡绅作为读书人，不管是纯粹的“绅士”，还是具有儒家背景的“绅商”，深受“以天下为己任”的儒家伦理责任思想的影响，他们除了帮助地方政府处理政事、维护社会秩序外，更强调自己在社会发展中的责任，直接投身民间社会的各种自治活动和地方公共产品的供给中。如宋代大儒蓝田吕氏兄弟制定出最早的“乡约”，构筑了有效的社会自治格局，各地纷纷模仿。

（三）组织地方公共产品的供给

绅士阶层大多通过各种名目掌握着丰厚的经济资产或土地，这为绅士阶层积极组

织开展与普通百姓日常生活紧密相关的地方公共工程提供了条件。他们一般负责修桥、铺路等事宜，特别是一些跨县域的大型水利工程中，绅士阶层发挥了主要负责人和推动者的作用，这些有效满足了农耕社会经济发展的需求。此外，绅士都是科举制度的受益者和热心支持者，兴办地方学务，借助捐建书院，修造贡院、社学、义学等方式提供公共教育、文化产品，都是绅士们义不容辞的职责。同时通过刊布善书（是绅士编纂的劝诫书籍，内容广泛如劝孝、敬字，劝止溺女、械斗、遏欲、戒杀、放生等）的方式，将儒家的礼教规范和道德观念通俗化、大众化，达到教化人民的目的。

（四）举办社会慈善事业和构建社会救助体系

绅士在地方福利事业中也扮演十分重要的角色，一般通过组织各类善堂、善会、公所等形式进行社会救济。善举内容主要有接济孝子、节妇等有德行而贫困的人，购置义冢，施棺殓葬，延医给药，助鳏恤寡，救济失业等。如提出“先天下之忧而忧”的范仲淹创办了范氏义庄，苏东坡在杭州创办了多家慈善性质的施医局，这两者均维持了数百年而不坠。

第二节　中国古代社会治理经验的当代启示

中国是一个富有智慧的文明古国，在几千年发展过程中对如何保持社会的稳定和谐发展，有一套符合中国文化心理特征的机制和方法。尽管有些学者认为，现在社会经济发展了，人们的思想观念都发生了巨大的变化，这时候古人留下的历史经验已经不适合当今中国社会发展的现实，中国的社会治理需要寻求与西方民主政体相类似的治理方式。笔者以为这种看法不完全正确。尽管我们的经济得到了巨大的发展，但在社会治理这一系统工程中，更多的事情是围绕着人的事情。而只要围绕着人，任何制度建构也就不可能离开一个民族或国家长期以来形成的民族文化或社会心理特征，诸多政策的制定无法超越中国人特有的文化习惯。从这一点来说，尽管古代我们长期处于封建主义制度的影响下，在处理社会事务或人际关系时可能过多地关注了人们之间的等级身份和礼法秩序来维护社会的稳定与和谐，这看似与当今崇尚自由、法治、平等的价值观有一定的出入；但作为深受汉文化和儒家思想影响的礼仪之邦，我国古代的社会治理方法对当今中国推行的法律化、制度化、规范化的社会治理创新仍有很大的参考价值和指导空间。笔者以为，中国古代社会治理的经验对当代的社会治理创新主要有以下三方面的借鉴价值。

一、德治和法治不可偏废

在中国古代社会治理进程中，主要产生过宗教神学控制论、道德约束观、礼乐治国体系、无为而治论、法家的社会控制思想等社会管理思想。先秦之后近 2000 年的封建社会中，虽然也有人提出了社会管理的一些具体新举措，但是在大的社会治理和控制方式的主张上并没有变化，历朝历代社会治理的具体思想虽有差异，但基本上都是在上述五种思想的基础上发展而来的。其中，儒家和法家思想的合流、儒家的伦理规范和法家的法律治理并行，成为主导的社会治理方式，特别是儒学在封建社会的大部分时期都成为主流的意识形态。

尽管古代社会管理思想都是建立在农业社会特点基础之上的，但笔者以为，对当今以高科技发展为主的后工业社会、信息社会来说，德治和法治永远是治理好当今社会的两大法宝。这是因为虽然在经济全球化发展的进程中，中国经济社会发生了前所未有的变化，人们追求自由、平等、幸福的权利意识全面觉醒，但我们的文化基因并没有因此而发生根本性的变化，不管我们多富有、多先进、多聪明，但只要是在中国人的日常生活和人际关系中，就得遵守一些基本的秩序和规范，如父慈子孝、兄弟友爱、诚实友善、尊老爱幼、长幼有序等。这些实际上就是我们正在努力培育和践行的社会主义核心价值观。可以说，如果人人都不讲道德，并且老祖宗留下许多传统礼仪规范和人际秩序大范围失范，社会治理也就成了一件非常危险或困难的事情了。真正礼崩乐坏的时候，有再多的法律也将是无济于事的。因此，古代社会管理告诉我们，首先我们要注重社会教育和个人修养，继续推行“德”“礼”“孝”等社会道德规范，提倡“修身、齐家、治国、平天下”的修养实践，全面重视官德和吏治建设，加强家庭美德建设，加强社会公德和乡规民约等建设，全面促进人们道德感情的培养，从根本上推动全社会道德环境建设。同时，法治和德治不可偏废，高度重视法制建设，依法有力地打击各种危害国家和社会的颠覆和破坏活动，确保国家和社会安定有序地发展。

二、国家力量和社会力量相结合

自古以来，围绕着巩固皇权的目标，古代中国建立了比世界上任何一个国家都健全的高度组织化的政治体系，通过等级化的官员组织体系实施和发挥着一定的社会控制。如中央政权主要进行意识形态宣传、平乱、维持国防，对选择继位者、新建公共工程等方面加以引导和控制。但根据权力的运行规则，正式的政治权力或皇权止于县，正因为如此，在县以下的广大基层社会领域产生了多种多样的非正式权威或社会组织体系，如风俗、习惯、乡绅和地方的德高望重者、宗族组织、基层社会的精英等，他们在村落经济、礼仪活动等地方日常治理中也都扮演着非常重要的角色。这些组织通过社会自治的方式，将国家权力和民间社会进行了有效的连接，帮助政府化解了存在于普通百姓中的各种利益矛盾，缓冲了国家权力和民众之间的直接对抗，对保持社会和谐稳定发挥了至关重要的作用。古代社会治理的这一成功经验表明，我们需要创立一个高效的社会治理体系，应该是国家力量和社会力量相结合，关键是要重塑国家与社会之间的权力关系。国家在保持强大政治动员和组织能力的同时，要注重向基层社会组织放权，给公民个人或团体赋权，为社会成长提供更多更大的发展空间，让公民有更多机会参与各类社会组织，增加社会自治、社会互助的力量，从根本上提高人们的政治参与水平、福利水平和生活质量，实现经济发展与社会资本的同步积累和同步成长。在此特别需要指出的是，当今中国的社会治理中，要充分肯定古代社会崇尚的家庭教育、家族规约等传统家训、家教、家风及其在社会自治中发挥的独特作用。在家庭规模日益缩小的当下，我们更应该注重家庭、家教、家族、乡规民约等因素在个人成长中的作用，为社会自治培育更强大的多元社会力量。

三、正确处理中央和地方之间的关系

综观中国历代几千年的发展历史发现，能否处理好中央政府与地方政府的关系，是关乎一个朝代安危的重大事宜。中国自秦王朝建立统一的中央王权以来，大一统的观念深入人心，“王权至上、国家统一、一统天下”等观念成为中国社会的主流思潮。社会安危与中央的政治清明和统治力之间存在着密切关联，整个国家的安危系于王权，这是中国社会治理的一个显著特征。统一的社会信念和中央政权的统一与强大，是整个社会安定的前提和关键。而历朝历代政权更替的一个共同原因就是中央政权弱化，历史上，中央政权的分裂往往是国家分裂和社会动荡的先行因素。因此，这一点对当前的社会治理和国家建设而言既是一个非常重要的经验，更是一个值得警惕的教训。这一点启示我们，在中国这样一个人口众多、民族众多的发展中大国，要想保持社会的和谐稳定，必须得有一个强有力的中央政府或中央领导集体，能够审时度势，从战略高度出发，适时制定并坚决执行有利于改善民生、保持稳定、促进和谐的重大政治、经济、社会和文化政策，特别是要坚决制止各级政府和官场中存在的腐败行为。唯有实现强大中央政府与服务型地方政府的协同配合，才会实现全社会的整体和谐与稳定。

第三章　社会组织的发展与治理

第一节　社会组织概述

一、社会组织的产生与发展

目前，关于什么是社会组织，国际、国内学术界还没有统一的定义，甚至有不同的称谓，如“非营利组织”（Nonprofit Organizations）、“非政府组织”(Non-Governmental Organizations)、“第三部门”(the Third Sector)、“独立部门”（Independent Sector）、“慈善组织”（Charitable Sector）、“志愿者组织”（Voluntary Sector）、“公民社会”（Civil Society）、“民间组织”（Civil Organizations）、“免税组织”（Tax-exempt Sector ）、“基金会”（Foundation)及“非商业组织”(Non-commercial Organizations)等。有学者统计，“社会组织”这一概念在现实中演绎出了近 50 种不同称谓。这些不同的称谓由于表述的主体、背景、场合不同而各有所侧重，但是它们基本上包含了具有非营利性、非政府性、公益性、自主性、志愿性等特征的、介于政府组织和营利性组织之间的一切社会组织。

社会组织历史悠久，它是伴随着各国经济、社会、文化的发展而逐步形成和发展起来的。现代意义上的社会组织出现于 17 世纪英、法等资本主义国家，最早是一些带有政治色彩的社会团体和开展慈善救济等公益活动的组织。19 世纪中叶以后，欧美国家又出现了一些有国际影响力、不谋求商业利益的社会团体。这些社会团体类型多样，活动领域十分广泛。如著名的摩根、卡内基、洛克菲勒等基金会，美国的救世军，英国的救助儿童会和乐施会等致力于社会公益事业和慈善事业的社会组织；国际红十字会、诺贝尔基金会、各国的民办学校和慈善性医院等致力于战场救护及在科学、教育、卫生等领域开展活动的各类社会组织。20 世纪 70 年代以来，随着国际交往与联系的频繁和加强，社会组织在全球范围内得到了空前的发展。大批旨在从事自然资源和环境保护事业的社会组织（如国际自然保护联盟、世界自然保护基金、地球之友、绿色和平组织等）和旨在维护世界和平的各类反战组织，以及对战争、灾难的救援组织等应运而生；与此同时，联合国积极发挥其在国际治理中的作用，组织了由社会组织参加的环境保护、社会发展、人权、妇女和贸易发展等一系列世界范围的大型会议，促使社会组织关注并致力于解决全世界面临的共同问题。这标志着社会组织开始积极参与国际重大事务的决策，逐步成为国际政治舞台上的一支重要力量。

20 世纪 90 年代以来，各种国际性的社会组织以及各国的社会组织都呈现出新的增长趋势。美国约翰斯·霍普金斯大学的萨拉蒙教授基于对 22 个国家（后扩大到 42 个国家）的分析指出："在世界上几乎所有的国家里，都存在一个由非营利组织组成的庞大的非营利部门。这个部门的平均规模大约是：占各国 GDP 的 4.6%，占非农就业人口的 5%，占服务业就业人口的 10%，相当于政府公共部门就业人口的 27%。在非营利部门的就业人口中，包含大量的志愿者，其规模大约占到该部门总就业人口的 33%。"更重要的是，各国的社会组织都在本国的社区建设、文化教育、科技、卫生、慈善救助等领域发挥着举足轻重的作用。

进入新世纪，社会组织更加活跃，其作用也更加突出。首先，各国有影响力的社会组织纷纷成立协商理事会，发起"千年论坛"，邀请全世界的社会组织参加；并先后在西欧、美国、加拿大、澳大利亚、东亚、中亚召开了一系列地区会议，扩大了社会组织的声誉和影响力，并且得到了联合国的赞赏和支持。其次，一些国家的社会组织在国际范围内开展了大量的有实效的活动。如在非洲，社会组织先是通过大众媒体及它们自己的出版和信息系统调动舆论，帮助非洲因干旱而受饥挨饿的人；之后，中国扶贫基金会和其他一些国家的社会组织如美国的相互支持集团等为非洲筹集了大量紧急救济资金，实施了教育和医疗等援助项目，为非洲人民提供了帮助和支持。此外，还有大量的社会组织活跃在世界的其他国家和地区，它们以各种方式对其所援助国家的经济、社会、文化和宗教等事业的发展产生了积极的影响，它们积极参与国际活动与决策，国际影响力日益增强。

我国学术界也没有对社会组织给出准确的定义。通常情况下大家认为，社会组织是指独立于政党、政府等传统组织形态之外的各类民间性的社会组织，主要包括社会团体、民办非企业单位、社会中介组织、基金会以及社区活动团队等。改革开放以来，我国各种各样的社会组织像雨后春笋般涌现。随着时代的发展，社会组织在我国经济建设、政治建设、文化建设、社会建设和生态建设中发挥了越来越大的作用。

二、社会结构理论中社会组织的角色

社会结构理论认为，社会是一个巨型系统，内部有复杂的结构，不同社会的结构不同，人们根据认识的需要，可以从不同视角、维度或层面去分析社会结构。现代社会结构由三大要素构成：私人领域、国家领域和公共领域。私人领域是指私人自主从事商品生产和交换的经济活动领域，其核心是企业组织。国家领域是指国家运用强制力量整合全社会资源、处理公共事务、维护社会秩序的领域，其核心是政府组织。按照哈贝马斯的观点，公共领域则是指介于私人领域和国家领域之间的领域，是一种非官方的公共领域。哈贝马斯认为，“如果说生的欲望和生活必需品的获得发生在私人领域范围内，那么，公共领域则为个性提供了广阔的表现空间”。公共领域的核心是社会组织。上述三大领域和三种组织共同构成了一个现代社会的结构，如图 3-1 所示：

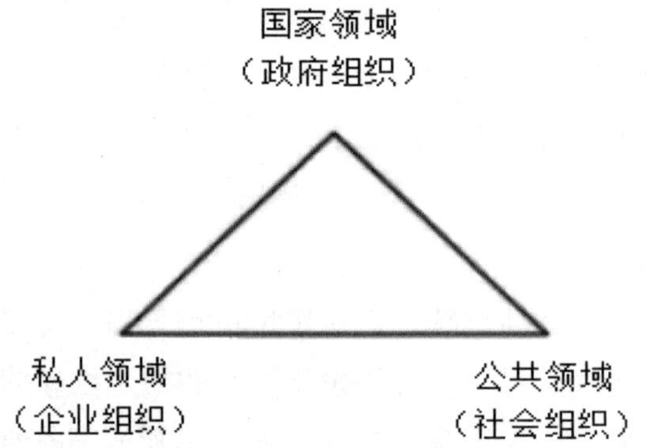

图3-1　现代社会三大领域结构图

从上图可知，企业组织、政府组织、社会组织在现代社会中相互依存、相互促进，共同推动社会和谐发展。它们之间存在着“铁三角关系”：如果没有保证个人能自主地从事经济活动和追求个人利益的私人领域，没有强有力的企业组织，就不会有经济的增长和社会的繁荣；如果没有凌驾于社会之上的国家领域，没有靠强制力量进行社会管理和社会服务的各级政府组织，就不会有良好的社会秩序；同样，如果没有发达的公共领域，没有民间的各种社会组织积极有效地开展活动，就不能弥补政府组织和企业组织的不足，就不能满足人们多样化的需求，就不能实现社会和谐稳定和多元繁荣。

总之，社会组织是现代社会结构中不可或缺的要素，它的兴起和发展是经济市场化、政治民主化和社会自治化的结果，是社会和谐稳定和多元繁荣的需要。

三、我国社会组织的特征

与政党、政府等传统组织形态相比，我国社会组织具有以下一些特点：

（一）从社会组织的结构特点看，社会组织是民间的非政府组织

社会组织本身既独立于政府，也独立于企业。但我国社会组织的一个独特之处是具有过渡性，除了在改革开放之后出现的纯民间社团外，当前社会组织中有一部分是

由行政机关采用行政手段成立或是从政府职能部门分离出来的。这种情况与西方发达国家的非政府组织明显不同，就是组织运行机制中更多地带有行政色彩。

（二）从社会组织的人员构成看，呈现出“流”“散”“杂”“老”“少”的特点

一是“流”，即流动性大，工作时间不固定，而且人员在行业内部与行业之间流动大；二是“散”，即工作时间随意性大，内部管理比较松散；三是“杂”，即来源广泛，都是从会员单位或社会上招聘来的；四是“老”，即年龄结构趋于老化，老同志和退休同志较多；五是“少”，即有正式编制的少。而且他们一般都直接受聘、听命于理事会或主管单位和社会组织领导，缺乏足够的权威性。

（三）从社会组织的工作方式看，显示着浓厚的民主色彩和生命力

社会组织以其成立时具备的组织认同感和管理透明化，保持了内部事务参与权的平等。社会组织中的成员在自己的空间中生活、工作，彼此都忙于自己的事务，集中聚合的时间较少。

（四）从社会组织的形成时间以及领域看，是社会中比较新兴的力量

一是时间新。社会组织是改革开放后大量涌现的，它履行的职能是新的，是政府在体制改革之后让渡出来的职能。二是地位新。社会组织已经成为新兴社会阶层的利益表达者，已经成为社会转型期经济社会发展的结构主体。三是领域新。社会组织大多依托新兴领域，在新兴的产业领域或社会领域谋求发展机遇。

四、加强社会组织治理的作用

社会组织是社会体系的有机组成部分，社会组织的发展与治理是社会治理的基本内容。

第一，加强社会组织治理是实现国家治理体系和治理能力现代化的需要。党的十八大以来，中央要求“加快形成政社分开、权责明确、依法自治的现代社会组织体制”，并且提出要“引导社会组织健康有序发展”。没有充分发育的现代社会组织，没有健全的现代社会组织体制，就不可能有健全的社会治理体系。从这个意义上说，对社会组织的有效治理是国家治理体系和治理能力现代化的重要体现。

第二，加强社会组织治理是“单位人”转变为“社会人”管理的需要。我国在改革开放前是“单位人社会”，每一个社会成员都生活在一定的单位之中，个人的生存与发展都与自己的单位直接相关，离开了一定的单位，任何人都无法生存。因此，单

位就成为当时社会管理和社会服务的一个重要工具。而改革开放后，我国社会正在从“单位人社会”向“社会人社会”转变，单位对一个人的约束力正在逐渐减弱，越来越多的社会成员成为自由人。“自由人社会”与“单位人社会”相比，无疑是社会的巨大进步。但是“自由人社会”也潜伏着很大的社会风险，即“一盘散沙”的风险。随着每一个人的自由度越来越大，流动性越来越强，越来越多的社会成员呈现出明显的“无组织”结构特征，特别是进城的农民工、自由职业者和各种类型的临时工，其无组织特征特别明显。每一个社会成员都需要一定的社会组织来为自己提供服务，社会也需要一定的组织对社会成员进行管理，只有这样社会才能和谐与稳定。而在一个“自由人社会”里，社会组织则会使绝大多数“自由人”在其中找到为自己服务的“组织”，社会也可以通过各种社会组织对他们实施有效的管理。

第三，加强社会组织治理是化解社会矛盾冲突的需要。目前公民在认为个人利益受到公权力侵害时，采取的应对措施主要有以下三种：一是找关系，二是上访，三是走极端（如自焚、伤害他人、闹事等），将会造成社会规则失效和社会动荡不安。如果公民能根据自己的利益需要而组织起来，由组织派代表与政府沟通协商，就能有效缓和社会冲突。在社会生活中，有组织的理性行为远比非组织的个人行为更加有效。通过社会组织，双方可以坐下来心平气和地对话协商，就能逐步生成一种利益平衡机制，在政府与个人之间铺设一条缓冲地带，从而减少社会矛盾与动荡。

第四，加强社会组织治理是弥补政府公共服务不足的需要。公共需求增多与公共服务相对不足的矛盾在我国长期存在并不断激化，是导致社会不稳定的重要诱因。政府虽然是提供公共产品和公共服务的主渠道，但相对于社会急速增长的公共需求，仍然难以胜任，特别是在社会成员形形色色的个性化需求面前，政府往往要面对“众口难调”的困局。在这方面，社会组织发挥着政府难以替代的重大作用，它会根据不同群体的不同需求采取有针对性的服务，以满足社会成员个性化的需要。

第五，加强社会组织治理是有效规范和矫正组织成员社会行为的需要。社会组织，尤其是正式的社会组织一般都具有明确的目标宗旨、完善的规章制度和规范的运作机制，这无疑会对组织成员的价值观念和个人行为产生导向和规范作用，尽量减少成员越轨行为的发生。譬如，在专业化分工日益细微的现代市场经济条件下，要让政府全部承担对企业生产经营行为的监管责任实际上已经不可能。那么由谁来分担和承接微观管理职能从而维护市场经济秩序呢？社会组织就是有效的力量。近年来，我国各地的民间商会、行业协会和中介组织发展迅速，发挥着日益显著的市场监管职能。它们以建立和维护公平竞争的市场秩序为宗旨，通过行使行业调查、行业统计、行业自律、行业技术标准制定、技能资质考核、制定行业发展规划、价格协调和公信证明等职能，对企业的生产经营行为实行有效的监督管理。而政府则侧重于宏观市场管理和相关法律法规的制定。社会组织的这种特殊的行为规范功能，是实现社会自我管理、自我教育、自我服务的基础和前提，是实现社会治理社会化的唯一现实途径。

第六，加强社会组织治理是提高公民道德素质的需要。这是因为，一方面，志愿性、公益性、互助性的社会组织出现后会有大量的公民参与其中，开展各种志愿、公益活动。这本身就是现代公共道德精神的体现。人们经常参加这样的活动，其思想境界、道德修养自然就会不断提升。另一方面，接受各种志愿者服务、公益组织帮助、慈善机构援助的人们，在这个过程中不仅得到物质和精神上的帮助，而且也受到很好的道德教育和道德感化。可见，在社会组织开展活动的过程中，无论是帮助别人者还是受到帮助者，都使自己的心灵得到净化，思想道德水平得到提高，久而久之，全民族、全社会的道德水平都会得到提高。

第二节　社会组织治理的困境

社会组织治理的困境既有发展中的困难和问题，也有治理中的困难和问题。概括地说包括以下几方面。

一、社会组织发展问题

（一）社会组织总量和增长速度不能满足经济社会发展需求

考察一个地区社会组织的发展程度，其中一个很重要的指标是每万人拥有社会组织的数量。从当前社会组织的发展情况看，其数量和增长情况仍不能满足当前我国经济社会发展的需要。各部门应积极构建适宜社会组织发展的环境，为促进经济社会发展蓄力。

（二）社会组织在区域间发展不均衡

据 2018 年 5 月 16 日中国社会科学院研究生院与社会科学文献出版社共同发布的《社会组织蓝皮书：中国社会组织报告（2018）》可知，中国社会组织数量江苏省排第一，华东地区占比最大，东北地区垫底，地区发展不均衡明显。全国社会组织总量位居前十的省份分别是江苏、广东、浙江、山东、四川、湖北、湖南、河南、河北、安徽。江苏一个省社会组织的数量超过全国的 1/10，排名前十的省份占全国份额接近 2/3。从全国七大区域来看，社会组织在我国所有区域都呈现稳步增长态势，但华东地区无论是增长数量还是增长速度都远远超过其他区域。特别需要关注的是，西南地区增速远超华北和西北，与华南和华中不相上下。东北地区的社会组织无论是数量还是增速，在全国都处于垫底位置。

（三）社会组织发展结构不合理

各类社会组织发展不均衡。在社会团体中，提供社会服务、工商业服务的社团多，学术性、联合性的社会团体较少，特别是维权类、法律服务类社会团体发展较慢，所占比例偏低。在民办非企业单位中，教育类、卫生类、社会服务类占了绝大部分，文化类、科技类、环保类民办非企业单位数量偏少。在基金会中，最近几年公募性基金会发展速度明显减缓，非公募性基金会数量开始反超。

二、社会组织监管问题

（一）政府监管存在越位、错位和缺位现象

长期以来，行业协会商会类、科技类、公益慈善类、城乡社区服务类社会组织在登记之前要求明确业务主管部门，造成了大量社会组织设立困难。另外，在社会组织成立以后，对其开展活动的监管缺位，对部分社会组织违法行为监管不力，缺乏查处、打击的有效手段。

（二）社会组织法人治理结构不完善

自我管理、自我服务、服务社会是社会组织的根本属性。如果自我管理能力不强，势必影响社会组织服务社会的能力和水平。一些社会组织没有建立起有效的自律机制，有的规章制度不完善，组织机构不健全，没有完善会员代表大会制、理事会制度等。有的虽建立了各项规章制度，但由于专职人员过少、财力不足等原因，制度不能得到有效落实。有的社会组织管理层不履行职责，理事长形同虚设，许多理事既不参与组织的日常事务管理，也不参与重大事务的决策，违背了组建社会组织的初衷。有的社会组织缺乏民主管理机制，家长制现象较为突出，许多事情主要由负责人一人说了算，重大事项不召开会员大会或会员代表大会来决策；章程中规定的会员权利和义务只是流于形式，没有真正实行。

（三）社会组织行政依赖性大

“等、靠、要”思想严重，工作缺乏主动性、创造性，服务意识差。社会组织必须通过提供服务获得发展空间，如果寻求政府支持，也应该通过承接服务的方式获得。目前很多社会组织往往倾向于从政府机构直接获得资金，政府对社会组织的支持由“财政拨款”向“政府购买服务”转型还十分困难。

（四）社会组织公信度不高

有的社会组织制度不健全、管理不规范，不按章程开展活动和履行信息公开义务，公众无法了解社会组织的真实运行状况。有的社会组织财务管理不公开，不做年度财务审计报告；或者虽然做了年度财务审计报告，但无严格审计，透明度不高，“公开、公平、公正”的原则没有落实。少数社会组织不遵守国家法律规定，擅自开展违法违规活动，扰乱了经济社会秩序。部分行业协会业内认可度低、会员覆盖面小，不能代表行业的发展方向，不能反映行业的利益诉求。

三、社会组织功能问题

（一）服务社会的能力欠缺、水平不高

社会组织提供的服务在服务业总量中的占比不高，服务质量还有待提高，总体上提供社会服务的能力还很弱。国际上把社会公共服务分为 36 种供给方式，其中社会组织承担了多数，涉及教育、环境、住房、社区公益事业、治安、医疗、慈善、培训等。我国社会组织的规模普遍偏小，其拥有的资本、雇佣人员以及对社会活动的影响力十分有限，还没有出现具有国际、国内影响力的社会组织。

（二）对制定公共政策参与不足

“反映诉求”是社会组织的重要功能，其表现形式之一，就是代表群众和利益群体参与公共政策的制定。目前社会组织参政、议政能力不足，整体参与公共政策制定的意识不强，即使偶有参与，其参与的广度和深度不够，参与的渠道单一。

（三）对经济发展贡献率低

从发达国家的经验来看，社会组织尽管是非营利组织，仍然是一支相当强的经济

力量。国际上非营利部门的经济活动规模一般占到本国 GDP 的 5% ~ 10%，吸纳就业人口数量约占服务业人口的 10%。我国社会组织在这方面做得还不够好。

四、社会组织自身建设问题

（一）社会组织抗风险能力不强

筹资能力差，资金来源单一，营业性收入偏低，经营管理能力较弱，导致财务状况不佳。

（二）社会组织党建工作不能适应形势需要

实践证明，党建工作是社会组织能否保持正确政治方向的关键。一些社会组织中党员数量偏少，隶属关系复杂，党员的先锋模范作用不明显；一些党组织“建支率”偏低，党组织活动次数较少，活动缺乏系统性与规范性。

（三）社会组织普遍存在人才匮乏现象

社会组织的健康发展离不开有专业背景、素质高、能力强、熟悉社会组织独特运作模式和管理理念的领导者和从业人员。但实际情况不尽如人意，我国社会组织普遍缺乏有专业知识、有丰富经验的高素质人才。社会组织人才匮乏，从业人员普遍素质不高、流动性大，是我国社会组织发展的最大障碍。

五、原因

社会组织的治理困境既有体制、机制方面的原因，也有观念、环境的影响；既有培育不足的局限，也有监管缺失的制约；既有经济社会发展不同阶段的客观外部因素，也有社会组织自身建设不足的主观原因。概括地说，有以下几个方面的原因。

（一）认知因素

部分地方政府和行政部门对社会组织的发展规律缺乏认识，理念跟不上新时代的要求。有的地方党政负责人仍然存在“重经济发展、轻社会建设”的错误思维，对社会组织的重要作用不甚了解，对社会组织促进经济发展、繁荣社会事业、创新社会治理、增强社会自治、提供公共服务、扩大对外交往等功能缺乏应有认知。有的甚至还把社会组织看成异己力量，认为社会组织的发展会分化社会利益、激发社会矛盾、破坏社会稳定，对社会组织采取轻视、排斥态度，不鼓励社会组织发展。虽然上述错误思想不是普遍现象，但若不努力消除，将成为阻碍社会组织健康发展的制约因素。

（二）体制因素

我国改革开放虽然已有 40 多年，但政府职能转变仍不彻底，“政社不分”的现象仍然存在，一些地方政府和行政部门仍然把社会组织看成政府的附庸。社会组织负责人包括会长、理事长、秘书长等，一般由主管单位提名。一些社会组织无论是其章程、高层人事权、日常决策权，还是内部运行机制、激励机制、监督机制等，都缺乏独立性。一些社会组织由政府部门牵头成立，负责人一般由本系统主要领导人或退休的老同志担任，工作人员也是所属机关的干部，在人、财、物上都没有自主权。这种状况不改变，政府与社会组织之间就不可能真正建立起平等的“伙伴”式合作关系，社会组织就不可能健康快速发展。

（三）政策和资金因素

在我国，社会组织成长发展需要科学规划、引导，并通过孵化、资金倾斜等一系列政策予以扶持，才能使社会组织健康发展，总量结构趋于合理。以行业协会为例，农林、石化、贸易、轻工、纺织、机械等传统行业协会较多、分类较细，有的由于业务主管单位不同存在重复设置现象，而一些新兴行业则没有及时建立行业协会，特别是缺乏创新型行业协会。各类民办非企业单位也没有得到均衡发展。由于从政府层面获得的资源和支持很少，民办非企业单位必须首先考虑自身生存发展而选择社会需求量大、经济效益好的领域。教育、卫生、劳动领域存在较大的利益空间，此类民办非企业单位发展较快；而维权类民办非企业单位虽然有社会需求，但政治、经济上都有一定风险，发展比较缓慢。

另外，在财政政策方面，各级财政对社会组织的投入十分有限。除少数发达地区建立社会组织孵化基金外，各地并没有按要求设立“社会组织发展专项资金”，政府向社会组织授权委托、购买服务、项目招标等方面的政策落实也不到位。在税收政策方面，没有按规定给予社会组织优惠政策。以民办非企业单位为例，国家规定民办非企业单位为“非营利性质”，但在税收方面并无与企业相区别的特殊优惠政策，其非营利特征并没有得到体现。实践中，有关部门往往把“民非”单位视为营利性单位，征收城市建设税、教育附加税、企业所得税等，一定程度上打击了举办者的积极性。在金融政策方面，社会组织几乎“自动”游离于金融机构的视野之外。迄今为止，金融系统支持社会组织的活动十分稀缺，社会组织建设发展所需融资、贷款等普遍难以获得。

（四）环境因素

环境因素主要表现在以下三个方面：一是社会组织发展受到体制机制的影响。目前，医疗、教育、社会福利等事业仍主要依靠政府设立的事业单位来发展，社会组织开展活动、发挥作用的空间非常有限。部分地方政府还不习惯把服务性事务、部分行业管理职能等公共服务和社会管理活动授权或委托相应的社会组织承担。二是参与支持社会组织建设的社会氛围还不浓厚。当前中国社会正处于转型阶段，群众对社会组织的理解相对滞后，构建社会组织的积极性没有被充分调动起来，企事业单位和社会各界对社会组织的参与热情不高，投入的资金、项目、人才资源不多，鼓励支持社会组织发展的社会机制没有形成。三是公民、社区和社会组织缺乏互动。基层社区为社会组织发展提供了肥沃土壤，但由于缺少互动机制，公众对社会组织缺乏了解，加上一些不良事件的影响，群众对社会组织持怀疑态度，不利于社会组织的健康发展。

（五）管理因素

管理因素主要表现在：一是现行登记管理制度存在问题，社会组织设立门槛过高、登记程序繁琐复杂，使很多有结社愿望的群众望而却步，一些未经登记就开展活动的“草根社会组织”无法纳入正常管理渠道。社会组织管理采用“业务主管部门”和“登记管理部门”双重许可的管理体制，一方面抬高了社会组织的准入门槛，限制了社会组织的发展；另一方面也造成多头管理，监管职责难以落实。二是登记管理部门职能不清，人员队伍与承担的职责不相匹配。各级社会组织登记管理部门业务范围宽泛，包括社会组织的登记、备案、年检、人员培训，与业务主管单位沟通协调，以及处理信访事务、调解纠纷等。民政登记管理部门的职能和工作量不断增加，其地位与承担的职责不对应，人手不足的矛盾十分突出。三是业务主管部门的管理大多流于形式，没有履行好管理职能。目前社会组织的业务主管单位几乎覆盖所有部门和单位，除少数部门外，绝大多数业务主管单位没有专门内设机构和专职管理人员，所谓的“日常管理和业务指导”职能没有得到有效发挥。

（六）监督因素

面对大量的捐赠、资助，没有有效的监督机制，依靠自我约束不可能杜绝腐败等违法违规行为的发生。具体原因如下：一是政府监督不足。依照“三定”方案，民政部门行使对社会组织的监督职能。由于执法监察力量不足，在具体执法中缺乏权威性和威慑力，对社会组织违法违规行为的查处力度不足。二是缺乏法律法规和制度的强力制约。对违法行为的惩戒力度不够，违法成本偏低，往往导致有令不行、有禁不止以及腐败行为的发生。三是缺乏社会监督。问责、绩效评估机制尚未完善，对没有按规定公开财务信息的社会组织缺乏有效的制约手段，需要进一步完善信息公开制度和社会公众投诉、举报制度。四是缺乏社会组织间的相互监督。社会组织在行业分布上比较分散，还没有形成有效的竞争机制，相互间缺少制约和监督。五是舆论监督缺乏正确引导。客观地说，目前并不缺乏舆论如网络媒体等对社会组织的监督，但由于缺乏科学的引导、规范以及权威认定，舆论监督陷入无序状态，一旦社会组织的公信力丧失，将很难恢复。

（七）自身因素

自身因素主要表现在以下方面：

1. 社会组织能力建设与社会需求脱节

一是发展理念滞后。一些社会组织安于现状，习惯按部就班，自我发展意愿不强，做大做强的动力和魄力不足。二是社会组织服务手段相对落后。以社区服务为例，随着人民群众对公共服务多元化、差异化的需求越来越多，作为基层公共服务的主要提供者，社会组织在社区治安、环境维护、助老助幼、医疗保健、心理干预、家政服务等领域面临前所未有的机遇。但现状是，社区社会组织的服务水平和服务质量与人民群众的需求还有很大的差距，服务手段和技能跟不上形势需要，服务体系还不完善。三是专业化运作水平低。一些社会组织在整合和运用社会资源、寻求政府扶持和社会支持等方面的能力不强，缺乏优质项目支撑，在经费、资产、项目等环节上比较薄弱，影响了服务能力和服务水平的提升。

2. 社会组织缺乏经营意识

社会组织虽然是非营利组织，不应把追求经济利益放在第一位，但这并不代表社会组织不需要经营。社会组织和企业一样，如果不搞好经营，就面临生存危机，更遑论为社会服务。目前社会组织的困难在于，一是资金来源单一。社会组织的主要收入来源为会费收入，以及组织研讨、行业培训、咨询、发行刊物等业务活动的创收。基金会的收入主要是财政预拨款、社会捐赠和基金会的资产利息。最困难的是民办非企业单位，基本得不到政府部门的补贴，社会捐赠也比较少，主要靠业务收入维持运行。而这些收入也要缴纳各种税费，导致一些业务不景气的民办非企业单位财务紧张、生存艰难。现行体制下，企业资金进入社会组织的屏障多、门槛高、成本大，真正进入社会组织的资金十分有限。由于尚未建立社会企业机制，企业与社会组织之间的资金转换效率很低。二是缺乏多元化投入机制。各级财政对社会组织的投入十分有限。在吸引社会资金方面，由于优惠政策措施迟迟不出台，如未制定面向民办非企业单位的税收优惠政策、公益性社会组织接受政府购买服务和“以奖代补”收入税收减免政策等，一定程度上影响了社会资本支持社会组织的积极性。三是经营管理能力不强。社会组织普遍缺少经营管理的能人，投资经营比较盲目、不切实际，资金利用率低，影响了社会组织的进一步发展壮大。

3. 社会组织中党组织的政治引领作用没有得到充分发挥

一些社会组织党建工作相对薄弱，党组织的战斗堡垒作用和党员的先锋模范作用没有得到充分体现。一是党建工作管理机制不完善。由于社会组织涉及领域广、数量多、种类杂，导致了部分单位难以“对号入座”，一些社会组织的党组织在“归口”“属地”还是“就近挂靠”上认识不清，隶属关系混乱（参见表3-1），直接导致了交叉管理、多头管理和管理缺位问题，使社会组织党建责任难以明确、工作难以落实。二是社会组织领导层对党建工作缺乏正确认识，担心党组织活动的开展会耽误单位的正常业务活动，没有在活动时间、经费保障及基本活动场所上给予必要支持。三是社会组织党务负责人一般没有进入决策层，其地位相对边缘化，直接导致部分社会组织党建活动难以开展。四是党建工作缺乏创新。党组织活动没有结合社会组织的特点和实际，形式单调、内容枯燥，一定程度上削弱了党组织的影响力和吸引力。

表3-1　社会组织党建工作管理主体

不同类别	管理主体
传统机关模式	机关工委
非公企业党建模式（民办非企业）	企业工委
流动党员	社区
没有建立党组织	人才市场
双重管理	业务主管单位和社区

4. 从业人员待遇低阻碍了社会组织持续健康发展

一是社会组织现有薪酬水平及社会地位不高。社会组织在薪金和福利方面很难提供优厚待遇，现行人事制度也不利于为社会组织人员提供稳定的社会保障。综合来看，社会组织在就业市场上没有比较优势，难以吸引和留住优秀人才。二是结构性人员老化。相当多的社会组织领导者是退休官员，从业人员多是不同改革阶段的分流人员，其知识结构、实际工作能力无法适应现代社会发展要求。他们管理下的社会组织无法或不能吸引优秀人才，从而形成了人力资源上的恶性循环。三是缺少专业人才支撑。类似于发达国家的专业化、职业化社工队伍在我国还没有形成，很多社工专业人才不愿把社会组织作为终身职业平台，大多只是兼职或临时行为，一有机会就考虑转行，社会组织人才流失现象十分严重。四是缺乏系统的人员培训制度。目前，社会组织从业人员的培训资金、渠道都十分匮乏，提高社会组织从业人员素质可谓“知易行难”。

第三节　国际上社会组织治理的经验与启示

自 20 世纪 70 年代以来，社会组织在全球范围内得到了迅猛发展。从北美、欧亚的发达国家到非洲、拉美的发展中国家，社会组织都呈现出快速增长的态势。同时，无论是在发达国家还是在发展中国家，社会组织都致力于解决各种社会问题，在各国的社区建设、社会救助、环境保护、教育、文化、卫生等领域发挥着越来越重要的作用。社会组织已经成为经济全球化时代各国及国际治理中一支越来越重要的力量。

一、五国社会组织的发展概况

从世界范围看，美国、英国、澳大利亚、日本及新加坡五国的社会组织发展迅速，其治理方法和路径各具特色，对我们有一定的参考价值。

（一）美国的社会组织

美国的社会组织总体上是一支很强大的社会力量，其活动的一大特点是动员大批志愿人员参与各种非营利的慈善活动。在美国的社会组织中，宗教性的慈善服务组织、社区互助和公益服务组织、各种慈善救济基金会、联合劝募组织等都是影响很大而且很有特色的社会组织。此外，许多享誉全球的机构，如哈佛大学、耶鲁大学、福特基金会、洛克菲勒基金会、费城交响乐团、美国企业研究所等都是非营利机构。

20 世纪 70 年代美国的社会组织得到了迅速发展。有资料显示，1985 年美国从事社会组织的雇员就已超过全美就业人员的 25%，拥有私人财富的 15%。到 20 世纪 90 年代中期，美国的社会组织已达 100 万个，成为美国一支重要的社会力量。1999 年，56% 的 18 岁以上的美国成年人参加过志愿工作。2000 年，44% 的 26 岁以上的美国成年人参加过志愿工作，工作量超过 400 万全日制雇员，产值 2390 亿美元。目前，美国社会组织已达 160 万个，总支出 6700 亿美元，占 GDP 的 9%。社会组织雇员近 1100 万（占全美支薪雇员的 7%），有志愿者 630 万（占支薪雇员和志愿雇员的 11%）。“9・11”事件发生后，美国社会组织迅速伸出援助之手，组织了成千上万名志愿者，为帮助受难者、缓解政府压力做了大量的工作。

（二）英国的社会组织

英国的社会组织往往被称为“志愿部门”或慈善组织，其活动集中在教育研究、文化娱乐和社会服务三个领域。其中最具特色的是非营利科技社团，如英国皇家学会、爱丁堡皇家学会、科学促进协会、皇家研究所、生物学协会、工程研究所协会、科学技术研究所等。这些组织都具有悠久的历史，它们通过出版科学刊物、资助科学研究、举办各种科学会议等方式促进科学技术的发展。从规模上看，英国的社会组织规模仅次于美国，居世界第二位。

（三）澳大利亚的社会组织

社会组织在澳大利亚人的生活中扮演着重要角色。澳大利亚的社会组织主要有慈善团体、私立学校、教堂、协会、游说议员者组织等形式，其主体是社会福利服务组织。20 世纪 70 年代以来，政府设立基金鼓励社区服务，一批开展社区服务的社会组织得到了很大发展。澳大利亚的社会组织（社会福利服务组织）都是由民间成立的，它们与居民的关系很密切，可以更灵活、更有效地适应和满足居民的需要，从而减轻政府负担；它们与政府是一种合作关系，可以平等地通过竞争机制获得政府的资助；同时，它们必须履行相应的义务，提供政府规定的服务。

（四）日本的社会组织

日本的社会组织大多成立于 20 世纪 70 年代以后，并从 1990 年开始得到快速发展。根据日本经济企划厅统计，社会组织产值占国内生产总值的 4.5%，就业人口占非农就业人口的 3.5%。日本的社会组织主要集中在医疗卫生保健、社会福利和国际合作领域。日本政府对社会组织的限制较为严格，社会组织被人为地分割成许多门类，各自有专门的主管部门，受专门的法规约束，只能在专门为它们划定的领域里活动。因此，与其他发达国家相比，日本社会组织的规模小得多。

（五）新加坡的社会组织

新加坡通常将社会组织称作社会团体，且有官办社团和民办社团之分。官办社团数量不多、规模也不大；民办社团是新加坡社会组织的主要形式，且数量多、规模大。新加坡拥有比较完备的社团管理法律体系，政府对社团活动的管理比较严格，其《社团法》《互惠组织法》《慈善法》等法案对社团的注册、终止、解散、变更和违法行为的处罚都做了详细的规定。此外，新加坡政府大力倡导并积极推动志愿服务，建立了强有力的支持志愿者提供志愿服务的激励机制。在新加坡，志愿者是社会组织最大的人力资源。有数据显示，新加坡志愿服务组织的专职人员与志愿者的比例大约为 1 ∶ 20 到 1 ∶ 40，如人民协会有专职雇员 1500 人，稳定的志愿者超过 3 万人。新加坡的各种社区活动都是依靠大量高素质的志愿者完成的，这也成为新加坡政府与社会组织精诚合作的有力例证。

二、国外社会组织发展对我们的启示

（一）法律制度的重要性

从上述几个国家社会组织的发展状况可以看出，法律制度环境是影响社会组织发展的重要因素。美国约翰·霍普金斯大学的萨拉蒙指出："对大多数国家而言，非营利法是决定非营利活动及其程度的最重要的因素之一。"

目前，我国已形成有利于社会组织发展的法律制度环境。1978 年以来，我国开始了政治、经济和社会一切领域的广泛而深刻的变革。在经济领域，我国进行了经济体制改革，形成了以公有制经济为主体、多种所有制经济共同发展的社会主义市场经济体制，使我国在经济领域首先扩大了自由的范围。这为社会组织的成长和发展提供了条件。在这样的背景下，我国公众参与公共事务的积极性和志愿者的热情空前高涨，参加公益活动的人数激增，各种公益性组织不断涌现。

在政治领域，我国确定了社会主义民主和依法治国的改革方向，政府也积极鼓励培育我国公众的民主生活方式、民主意识、参与意识和价值观。党的十八大报告强调，"引导社会组织健康有序发展，充分发挥群众参与社会管理的基础作用"。党的十九大报告提出发挥社会组织作用，实现政府治理与社会调节、居民自治良性互动。十九届四中全会进一步指出，"发挥群团组织、社会组织作用，发挥行业协会商会自律功能，夯实基层社会治理基础"。与此同时，我国已初步建立起有关社会组织的法律法规体系。这些都促进了我国社会组织的发展，并将进一步加快我国在社会领域的改革进程。今后要加快制定和完善系统配套的法律法规，并设置适应社会组织健康发展的监督机构和执法机构，使社会组织的各项活动有法可依、有法必依、违法必究。

（二）政府支持的重要性

在各国社会组织的发展过程中，都不同程度地依赖政府的扶持和资助，而各国政府也在不同程度上影响着社会组织的发展方向。无论是发达国家还是发展中国家的社会组织，都仅仅享有有限的自主性。一方面，各国政府的扶持和资助极大地增强了社会组织的力量，促进了社会组织的发展；另一方面，社会组织通过提供各种社会服务，实现了政府所期望的公共目标。因此，各国政府与社会组织之间形成了较好的合作关系。例如，美国政府对社会组织给予免税以及资金等方面的支持，美国社会组织收入的 31% 来自政府。社会组织所承担的对儿童的保护性服务、针对丧失生活能力者的社区服务项目，以及其他诸如就业培训、保护受虐待妇女和受歧视儿童等服务项目，都是通过与政府签订合同或者在与政府的合作中进行的。

因此，在社会公共服务和福利服务等领域，我国政府应与社会组织建立合作关系。政府可以通过对社会组织提供资金以及减免税收等直接或间接的资助，将大量的社会服务职能移交给社会组织去履行，以支持社会组织的发展壮大。

（三）加强监管的重要性

目前，各国对社会组织的研究大多倾向于它在提供社会公共服务等方面发挥积极作用的一面，而往往忽略了社会组织自身的局限性和它所面临的问题。事实上，各国的社会组织单单依靠自身的力量是很难推进公益事业和提供公共服务的。首先，社会组织资金不足，依赖政府的资助和社会捐助，在资金的使用方面缺乏自主性；其次，社会组织提供的社会服务面较为狭窄；最后，各国的社会组织都不同程度地存在运作效率低下的问题，少数社会组织甚至存在管理混乱、滥用资金等问题。鉴于此，各国政府都不同程度地加强了对社会组织的监管。例如，澳大利亚政府依法对社会组织从四个方面加强监管，包括：对社会组织进行资格认证，并按照 ISO 9000 标准认证服务机构，定期进行资格审核；制定行业标准，政府对达到行业服务标准的社会组织给予必要的资助；进行机构评级，以鼓励社会组织提高自身素质，树立良好的公众形象，争取政府和社会的资助；政府进行不定期的检查，以推动社会组织向社会提供高质量的公共服务。

总之，当代条件下，各国的社会组织获得了快速发展，并日益成为政治、经济、社会和文化发展的重要力量，其在社会组织培育与治理方面的成功经验具有借鉴和参考价值。

第四节　社会组织治理方面的创新

一、遵循创新发展的基本原则

坚持党的领导，加强社会组织党的建设，注重强化对社会组织的政治引领和示范带动；鼓励群团组织充分发挥作用，增强联系服务群众的合力，确保社会组织发展的正确政治方向；坚持改革创新，改革社会组织管理制度，改革制约社会组织发展的体制机制，激发社会组织内在活力和发展动力；坚持放、管并重，既要简政放权、优化服务，积极培育扶持，又要加强事中、事后监管，促进社会组织健康有序发展；坚持统筹兼顾、分类指导，确保改革工作平稳过渡、有序推进。

二、突出培育发展重点

（一）大力培育发展社区社会组织

降低准入门槛，支持鼓励在城乡社区开展为民服务、养老照护、青少年事务、公益慈善、促进和谐、文体娱乐和农村生产技术服务等活动的社区社会组织发展。对符合条件的社区社会组织加快审核办理，简化登记程序；对达不到登记条件的，由街道办事处（乡镇政府）实施管理。鼓励在街道（乡镇）成立社区社会组织联合会，发挥其在管理服务中的协调作用。鼓励有条件的地区成立以改善社区治理为宗旨的社区基金会，使之成为整合社区资源、支持社区社会组织开展社会服务的重要平台。进一步完善社区社会组织孵化机制，推动街道（乡镇）、社区层面建立社区社会组织孵化培育和综合服务平台，为社会组织提供支持。采取政府购买服务、设立项目资金、公益创投、资金补贴等多种方式，重点培育为老年人、妇女、儿童、残疾人、失业人员、农民工、服刑人员未成年子女、困难家庭、严重精神障碍患者、有不良行为青少年、社区矫正人员等特定群体服务的社区社会组织。鼓励社区社会组织开展邻里互助、居民融入、纠纷调解、平安创建等社区活动，组织社区居民参与社区公共事务管理和公益事业，促进社区和谐稳定。建立健全以社区为平台、社会组织为载体、社会工作专业人才为支撑的“三社联动”机制，鼓励社会工作专业人才利用社区资源创立社会组织，引导社区社会组织实现专业化运作、多元化发展。

（二）积极发展公益慈善类社会组织

认真贯彻实施《中华人民共和国慈善法》及各项配套政策，鼓励公益慈善类社会组织创新服务方式，提供多样化、多层次的公共服务。引导和支持企事业单位、其他组织和公民成立公益慈善类社会组织，鼓励其拓展资金募集渠道、扩大公益性支出，实现社会化、项目化和专业化运作。积极打造公益品牌，培育一批内部机制健全、公益品牌影响力大、社会信誉度好的公益慈善类社会组织。

（三）推进行业协会商会改革发展

稳妥开展行业协会商会与行政机关脱钩试点，促进行业协会商会成为依法设立、自主办会、服务为本、治理规范、行为自律的社会组织。以新兴行业、支柱产业、优势产业为重点，着力培育管理规范、机制健全、社会公信力强的行业协会，扩大行业覆盖率，促进经济结构调整和转型升级。鼓励有条件的地区探索一业多会模式，鼓励行业协会商会参与开辟海外市场、处理国际贸易纠纷、制定国际市场标准和规则、保护知识产权等活动。

（四）加大科技类社会组织扶持力度

充分发挥科技类社会组织的人才荟萃优势，积极推进以科技类社会组织为依托的科技智库建设，鼓励和引导科技类社会组织积极开展学术研究，普及科学知识，推进理论创新，推动科技进步。支持科技类社会组织有效提供科技类公共服务产品，承接相关领域学术交流、咨询培训、标准制定、项目论证、技术鉴定、资格认证、科技项目评估、科技成果评价、人才评价、人才培养等事项，不断提升科技类社会组织服务科技创新的能力。

（五）探索建立自律联合性、支持性社会组织

允许同类型、同行业、同地域的社会组织成立自律性联合组织，进行自律管理和自我服务。支持有关社会团体和联合性社会组织发挥桥梁纽带、培育扶持和自律规范等作用，团结联系相关社会组织，加强协调指导、示范带动和综合服务。鼓励发展支持性社会组织，为其他社会组织提供资金、人才、信息、培训等方面的服务。

三、促进发挥积极作用

（一）加强社会组织协商

支持社会组织参政议政，在各级党的代表大会中安排适当数量的社会组织代表，在各级人大安排适当数量的社会组织代表，在各级政协增设社会组织界别，安排适当数量的委员，发挥社会组织在协商民主建设中的积极作用。政府召开专题性、行业性会议，应邀请社会组织负责人参加或列席；在制定出台政府规章、公共政策、发展规划等涉及公共利益和人民群众切身利益的决策事项时，通过举行听证会、座谈会、认证会等多种形式，广泛征求相关社会组织的意见和建议。

（二）支持社会组织依法履职增效

进一步发挥社会组织在促进经济发展、管理社会事务、提供公共服务中的作用。

支持行业协会商会在服务企业发展、规范市场秩序、开展行业自律、制定团体标准、维护会员权益、调解贸易纠纷等方面发挥作用，使之成为推动经济发展的重要力量。支持社会组织尤其是社区服务类社会组织承接社区公共服务和基层政府委托事项，开展社区志愿服务，促进社区减负增效，在创新社会治理、化解社会矛盾、维护社会秩序、促进社会和谐等方面发挥作用。支持社会组织在发展公益慈善事业、繁荣科学文化、扩大就业渠道等方面发挥作用，满足人民群众多样化需求。

四、完善扶持政策及措施

（一）加强综合服务平台建设

有条件的社区建立社会组织孵化培育基地，为社会组织提供有效服务和支撑载体，引导和支持社会组织规范发展、创新发展，带动社会组织集聚发展，推动大众创业、万众创新。各级民政部门要引导社会组织孵化培育基地明晰功能定位，创新服务方式，拓展服务范围，提升综合服务效能。街道（乡镇）、社区孵化培育基地要立足基层实际，提升专业孵化能力，重点为初创阶段的社区社会组织提供场地设备、财务指导、人员培训、信息发布、需求对接、项目策划督导等方面的支持；市、县孵化培育基地要进一步拓展服务功能，在资源整合、创业指导、课题研究、政策参与、标准制定、成果展示以及承接社会组织等级评估、公益创投、能力提升、人才培养等服务管理方面发挥作用。鼓励行业管理部门根据实际需要，建立专门领域的社会组织孵化培育基地。各地要与高校、科研机构等加强合作，借鉴先进国家和地区的发展理念，积极探索立足基层实际的本土化社会组织孵化培育模式，鼓励有专业能力的第三方机构承接社会组织孵化培育基地的运营服务。

（二）支持社会组织提供公共服务

结合政府职能转变和行政审批改革，将政府部门不宜行使、适合市场和社会提供的事务性管理工作及公共服务职能，通过竞争性方式交由社会组织承担，向社会组织开放更多的公共资源和领域。建立完善政府向社会组织购买服务机制，推动各级各部门落实政府向社会组织购买服务的各项政策。各业务主管单位、行业管理部门要根据相关制度要求，将本部门向社会组织购买服务的费用列入年度预算，每年发布购买服务目录清单，规范做好购买服务工作。逐步扩大政府向社会组织购买服务的范围和规模，鼓励各级政府部门在同等条件下优先向社会组织购买民生保障、社会治理、行业管理等公共服务。

（三）完善财政支持政策

各级财政要优化支出结构，多方筹措资金，统筹安排加强社会组织发展和规范管理的相关经费，支持社会组织参与社会服务，加强社会组织能力建设，扶持一批先进社会组织和公益慈善项目。不断完善公共财政对社会组织发展的扶持机制，发挥财政扶持杠杆效应，引导社会资金向社会组织有效流入。

（四）完善税收、金融支持政策

认真落实社会组织各项税收优惠政策，促进符合条件的社会组织按照有关法律法规享受税收优惠。省级财政、税务部门要结合综合监管体制建设，参与研究完善社会组织税收政策体系和票据管理制度，落实公益慈善事业捐赠税收优惠制度。鼓励银行业金融机构加大对符合条件社会组织的金融支持力度，允许社会组织以自有资产抵押贷款用于自身业务发展，拓宽社会组织筹资渠道。

（五）完善人才政策

把社会组织人才工作纳入省人才工作体系，对社会组织的专业技术人员执行与相关行业相同的职业资格、注册考核、职称评定政策，对符合条件的社会组织专门人才给予相关补贴。省委组织部、省人力资源和社会保障厅、省民政厅要根据国家有关文件精神，研究制定加强我国社会组织人才队伍建设的意见，完善社会组织在劳动合同、人才选拔、流动配置、社会保障等方面的相关政策。将社会组织列为大学生就业创业和基层锻炼重要基地，将符合条件的社会组织岗位纳入公益性岗位范畴。鼓励各地政府牵头搭建平台，通过举办社会组织专场招聘会、加强社会组织领域创业扶持等方式，促进高校、职业院校社会工作专业与社会组织的合作与衔接。将社会组织人才纳入专业技术人才知识更新工程，培育和引进社会组织领军人才，造就一支高素质、专业化、职业化的社会组织人才队伍。建立社会组织人才库，健全社会组织负责人和从业人员教育培训体系，每年对1000名社会组织从业人员开展培训。有关部门和群团组织要将社会组织及其从业人员纳入相关表彰奖励推荐范围。

五、依法做好登记审查工作

（一）稳妥推进直接登记制度

依据相关法律法规，稳妥推进行业协会商会类、科技类、公益慈善类、城乡社区服务类社会组织直接登记。成立行业协会商会，按照《行业协会商会与行政机关脱钩总体方案》的精神，直接向民政部门依法申请登记。在自然科学和工程技术领域从事学术研究和交流活动的科技类社会组织，以及提供扶贫、济困、扶老、救孤、恤病、助残、救灾、助医、助学服务的公益慈善类社会组织，直接向民政部门依法申请登记。为满足城乡社区居民生活需求，在社区内开展活动的城乡社区服务类社会组织直接向县级民政部门依法申请登记。民政部门审查直接登记申请时，要广泛听取意见、建议，根据需要征求有关部门意见或组织专家进行评估，有关部门要积极予以配合。

（二）完善业务主管单位前置审查制度

对直接登记范围之外的其他社会组织，继续实行登记管理机关和业务主管单位双重负责的管理体制。业务主管单位要健全工作程序，完善审查标准，切实加强对社会组织名称、宗旨、业务范围、发起人和拟任负责人的把关，支持符合条件的社会组织依法成立。有关部门要严格根据相关法律法规的要求承担相应层级社会组织业务主管单位的职责，加强对社会组织的业务指导和监督管理。

（三）严格民政部门登记审查流程

民政部门要会同业务主管单位、行业管理部门及相关党建工作机构，加强对社会组织发起人、拟任负责人的资格审查，建立信息共享核对机制。对跨领域、跨行业以及业务广泛、不易界定的社会组织，按照明确、清晰、聚焦主业的原则，加强名称审核、业务范围审定和章程核准，听取利益相关方和管理部门意见。严禁社会组织之间建立垂直领导或变相垂直领导关系，严禁社会组织设立地域性分支机构。对全省性社会团体，要对成立的必要性、发起人的代表性、会员的广泛性等方面认真加以审核，业务范围相似的要充分进行论证。

（四）强化社会组织发起人责任

贯彻执行国家关于社会组织发起人的相关规定，强化社会组织发起人的责任。发起人应当对社会组织登记材料的合法性、真实性、准确性、有效性、完整性负责，对社会组织登记之前的活动负责，主要发起人应当担任首届负责人。建立发起人不良行为记录档案。发起人不得以拟成立社会组织的名义开展与发起宗旨无关的活动，禁止向非特定对象发布筹备和筹款信息。党政领导干部未经批准不得发起成立社会组织。经批准担任发起人但不履行责任的，批准机关要严格问责。

六、严格依法监督管理

（一）加强负责人管理

民政部门会同有关部门建立社会组织负责人任职、约谈、警告、责令撤换、从业禁止等管理制度，落实法定代表人离任审计制度。建立负责人不良行为记录档案，强化社会组织负责人过错责任追究，对严重违法违规的，责令撤换并依法依规追究责任。推行社会组织负责人任职前公示制度、法定代表人述职制度。

（二）加强资金监管

建立由民政部门牵头，财政、税务、审计、金融、公安等部门参加的资金监管机制，共享执法信息，加强风险评估、预警。民政、财政部门要推动社会组织建立健全内控管理机制，严格执行国家有关财务会计制度和票据管理使用制度，推行社会组织财务信息公开和注册会计师审计制度。财政部门要加强对社会组织财政、财务、会计等政策执行情况的监督检查，发现问题依法处罚并及时通报民政部门。税务部门要推动社会组织依法进行税务登记，对于没有在税务机关登记的社会组织，要按规定办理登记手续；加强对社会组织非营利性活动的监督，严格核查非营利组织享受税收优惠政策的条件，落实非营利性收入免税申报和经营性收入依法纳税制度；按规定开展对社会组织的税务检查工作，对违法违规开展营利性经营活动的，依法取消税收优惠资格，通报有关部门依法处罚社会组织和主要责任人。审计机关要对社会组织运用财政资金、捐赠收入、国有资产的情况进行审计监督。金融管理部门要加强对社会组织账户的监管，加强对资金往来特别是大额现金支付的监管，防范和打击洗钱、恐怖融资等违法犯罪活动。民政部门要会同有关部门完善社会组织清算、注销制度，确保社会组织资产不被侵占、私分或者挪用。

（三）加强活动管理

各级有关部门要按照职能分工加强对社会组织内部治理、业务活动、对外交往的管理。民政部门要通过检查、评估等手段依法监督社会组织负责人、资金、活动、信息公开、章程履行等情况，建立社会组织“异常名录”和“黑名单”，加强与有关部门的协调联动，将对社会组织的等级评估、检查情况与社会组织享受税收优惠、承接政府转移职能和购买服务等挂钩。实行双重管理的社会组织的业务主管单位，要对所主管社会组织的思想政治工作、党的建设、财务和人事管理、研讨活动、对外交往、接收境外捐赠资助、按章程开展活动等事项切实负起管理责任，每年组织专项监督抽查，协助有关部门查处社会组织的违法违规行为，督促指导内部管理混乱的社会组织进行整改，组织指导社会组织进行清算工作。行业管理部门要将社会组织纳入行业管理范畴，加强业务指导和行业监管，引导社会组织健康发展。

（四）规范对直接登记社会组织的管理工作

直接登记的行业协会商会类、科技类、公益慈善类、城乡社区服务类社会组织的综合监管以及党建、外事、人力资源服务等事项，参照《行业协会商会与行政机关脱钩总体方案》《行业协会商会与行政机关脱钩实施方案》及配套政策执行，落实“谁主管谁负责”的原则，切实加强事中、事后监管。对已经成立的科技类、公益慈善类、城乡社区服务类社会组织，本着审慎推进、稳步过渡的原则，通过试点逐步按照对直接登记社会组织的管理方式进行管理，试点工作要在省委、省政府统一领导下，由民政部门根据国家有关要求制定试点方案并具体负责组织实施。

（五）加强社会监督

鼓励支持新闻媒体、社会公众对社会组织进行监督。民政厅要根据国家关于社会组织信息公开的规定，建立健全社会组织年度报告制度，规范公开内容、机制和方式，提高透明度。探索建立专业化、社会化的第三方监督机制，建立健全社会组织第三方评估机制，确保评估信息公开、程序公平、结果公正。各级民政部门建立对社会组织违法违规行为及非法社会组织的投诉举报受理和奖励机制，依法向社会公告行政处罚和取缔情况。

（六）加强执法监察

民政部门要会同业务主管单位、行业管理部门以及公安、审计、税务、工商等职能部门建立联合执法机制，依法查处社会组织违法违规行为，取缔未经登记的各类非法社会组织。对严重违反国家有关法律法规的社会组织，要依法吊销其登记证书；对弄虚作假骗取登记的社会组织，依法撤销登记；对未经许可擅自以社会组织名义开展活动的非法社会组织，依法予以取缔。对被依法取缔后仍以非法社会组织名义开展活动的，公安机关要依法处理。业务主管单位、行业管理部门要协助登记管理机关和相关部门做好对本领域社会组织非法活动和非法社会组织的查处工作，外事、公安、物价、人力资源和社会保障等部门对社会组织涉及本领域的事项及事务履行监管职责，依法查处违法违规行为并及时向民政部门通报。

（七）规范社会组织涉外活动

引导社会组织有序开展对外交流活动，参加非政府间国际组织，参与国际标准和规则制定，发挥社会组织在经济、文化、科技、体育、环保等方面及在对外交流、民间对外交往中的积极作用。有关部门和有条件的地区可以根据经济社会发展特点及“一带一路”建设需要，推动具有区域或国际影响力的产业行业和具有比较优势的领域率先成立国际性社会组织。外事部门要建立社会组织外事管理制度，依法规范社会组织开展对外合作和接受境外捐赠等涉外活动。社会组织确因工作需要在境外设立分支（代表）机构的，必须经业务主管单位或者负责其外事管理的单位批准。党政领导干部如确需以个人身份加入境外专业、学术组织或兼任该组织有关职务的，按干部管理权限和有关规定报批。严禁社会组织及其从业人员明知境外非政府组织未登记代表机构、临时活动未备案而与其合作，或者接受委托、资助、代理，或者变相代理其开展活动、进行项目活动资金收付等。

七、加强社会组织自身建设

（一）健全法人治理结构

根据国家有关法律法规和章程示范文本，指导不同类型社会组织规范制定章程。社会组织要依照法规政策和章程建立健全法人治理结构和运行机制，以及党组织参与社会组织重大问题决策等制度，设立结构合理、规模适中的理事会，严格按规定换届选举。完善会员大会（会员代表大会）、理事会、监事（监事会）制度，落实民主选举、民主决策和民主管理，健全内部监督机制，成为权责明确、运转协调、制衡有效的法人主体，独立承担法律责任。推动社会组织建立健全内部纠纷解决机制，推行社会组织人民调解制度，引导当事人通过司法途径依法解决纠纷。

（二）加强诚信自律建设

引导社会组织坚持诚信原则，增强守法意识，弘扬公益精神，开展行业自律。健全社会组织信用管理体系，推动社会组织建立并执行诚信承诺制度，完善行业性诚信激励和失信惩戒机制。支持社会组织建立社会责任标准体系，积极履行社会责任。引导社会组织建立活动影响评估机制，对可能引发社会风险的重要事项应事先向政府有关部门报告。强化社会组织管理服务意识，社会组织设立机构、发展会员要与其管理服务能力相适应。发挥各领域内社会组织的自律联合组织作用，通过发布公益倡导、制定活动准则、实行声誉评价等形式，引领和规范行业内社会组织的行为。规范社会组织收费行为，严禁巧立名目乱收费，切实防止只收费不服务、只收费不管理的现象。

（三）稳妥推进政社分开政策

支持社会组织自我约束、自我管理，发挥其提供服务、反映诉求、规范行为、促进和谐的作用。贯彻落实《行业协会商会与行政机关脱钩总体方案》，稳妥开展脱钩工作。除法律法规有特殊规定外，政府部门不得授权或委托社会组织行使行政审批权。国务院决定取消的行政审批事项，原承担审批职能的部门不得通过任何形式指定交由行业协会商会继续审批。严格执行《中共中央办公厅、国务院办公厅关于党政机关领导干部不兼任社会团体领导职务的通知》（中办发〔1998〕17号）、《中共中央组织部关于规范退（离）休领导干部在社会团体兼职问题的通知》（中组发〔2014〕11号），从严规范公务员兼任社会团体负责人，因特殊情况确须兼任的，按照干部管理权限从严审批，且兼职一般不得超过1个。在职公务员不得兼任基金会、社会服务机构负责人，已兼职的应按有关规定辞去公职或辞去社会组织职务。

八、加强社会组织党建工作

（一）健全社会组织党建工作体制机制

省、市、县（市、区）依托党委组织部门建立非公有制经济组织和社会组织党建工作机构，在同级党委组织部门的指导下，负责统筹谋划、宏观指导、协调推动本地非公有制经济组织和社会组织党建工作，加强社会组织党风廉政建设，完善社会组织惩治和预防腐败机制。有业务主管单位的社会组织党建工作，由业务主管单位党组织管理；城乡社区社会组织党建工作，由乡镇（街道）和村（社区）党组织兜底管理。对不适合属地管理以及业务主管单位、行业主管部门不能归口管理的社会组织党建工作，要依托民政部门建立社会组织综合党委，健全班子，实行托底管理。各部门党组（党委）要加强对社会组织管理工作的组织领导，落实党建工作责任制，制定本部门管理规定，配齐配强相关管理力量，抓好督促落实工作。

（二）推进社会组织党的组织和工作有效覆盖

凡有3名以上正式党员的社会组织，都要按照党章规定建立党组织；不足3名党员的，要本着就近就便原则，通过行业、区域统筹等方式，联合建立党组织。行业特征明显、管理体制健全的行业，可依托行业协会商会建立行业党组织，对会员单位党建工作进行指导。在社会组织相对集中的各类街区、创新园区、商务楼宇、社会组织培育孵化基地等区域，可以打破行业界限统一建立党组织。暂不具备组建条件的社会组织，要通过选派党建工作指导员、联络员或建立工会、共青团、妇联组织等途径，做好联系职工群众、培养推荐入党积极分子等工作，为建立党组织积极创造条件。新成立的社会组织，具备组建条件的应同步建立党组织。社会组织要把党的建设写入章程。各有关部门要结合社会组织登记、检查、评估以及日常监管等工作，督促推动社会组织及时成立党组织和开展党建工作。

（三）加强社会组织党建工作基础保障

加强多渠道、多元化投入的党建工作基础保障，社会组织将党建工作经费纳入管理费用范畴，可按照有关规定据实在缴纳企业所得税前扣除。大力加强党组织活动阵地建设，在社会组织相对集中区域建立党群服务中心，促进企事业单位、机关和街道（乡镇）、社区（村）党组织与社会组织党组织实现场所共用、资源共享。充分发挥各类创新园、孵化器和众创空间等平台的作用，在活动阵地、教育培训等方面为党组织提供支持。

（四）充分发挥党组织的战斗堡垒作用和党员的先锋模范作用

社会组织党组织要紧紧围绕党章赋予党的基层组织的基本任务开展工作，团结凝聚群众，保证社会组织坚持正确的政治方向；对社会组织重要事项决策、重要业务活动、大额经费开支、接收大额捐赠、开展涉外活动等提出意见；加强对社会组织分支机构党建工作的指导，对具备条件的分支机构，督促其及时建立党组织。社会组织党组织书记一般从社会组织内部产生，提倡社会组织党员负责人担任党组织书记。规模较大、成员较多或没有适合担任党组织书记人选的社会组织，上级党组织可按规定选派党组织书记。积极开展党员先锋岗、党员责任区、党员公开承诺等活动，注重在社会组织负责人、管理层和业务骨干中培养和发展党员。坚持党建带群建，推动有条件的社会组织建立工会、共青团、妇联等群团组织，支持工会代表职工对社会组织贯彻执行有关法律法规和政策情况实施监督。

九、抓好组织实施

（一）加强法规制度建设

根据国家修订出台的社会团体、基金会和社会服务机构法律法规，完善相关配套制度。研究制定加强社会组织监督管理的办法，明确部门职责，健全管理体制。探索建立社会组织知识产权保护体系，不断完善社会组织服务质量标准化体系。

（二）强化组织领导

各级党委和政府把加强和改进社会组织管理工作列入重要议事日程，列入党委和政府绩效考核内容及社会治安综合治理考评体系。各级党委加强统筹指导，建立完善研究决定社会组织工作重大事项制度；党委常委会每年至少听取一次社会组织的工作汇报。省、市、县（市、区）建立社会组织工作协调机制，统筹、规划、协调、指导社会组织工作，及时研究解决工作中出现的问题。民政部门要加大登记审查、监督检查、执法查处力度，各业务主管单位和行业管理部门要加强政策和业务指导并履行相关监管责任。发展改革、公安、财政、审计、外事、税务等部门要按职能分工做好监管和服务工作。

（三）充实管理力量

各有关部门、地方各级政府切实加强社会组织管理服务队伍建设，配齐配强工作力量，确保事有人管、责有人负。民政部门特别是县级民政部门要有专门机构和人员负责社会组织的登记管理日常工作，在民政部门社会组织管理机构增挂社会组织信用管理局牌子，进一步加强对社会组织的信用建设和信用监管工作。加强行政执法力量，保障工作经费，确保服务到位、执法有力、监管有效。各级业务主管单位、行业管理部门明确社会组织分管领导和职能处室，结合实际情况加强相应的社会组织服务管理力量。

（四）推进信息化建设

建立健全社会组织管理信息系统和社会组织法人库、社会组织信用信息平台、慈善组织信息平台，加快推行社会组织“多证合一、一照一码”登记制度改革，畅通社会监督渠道，促进社会组织信用体系建设。建立社会组织发展评估指标体系，定期发布社会组织发展报告。搭建登记管理机关、业务主管单位、行业管理部门、相关职能部门及社会组织之间的信息沟通渠道，实现信息共享，提高行政管理水平和服务能力。

（五）营造良好社会氛围

鼓励各地积极举办社会组织公益项目交流、洽谈、展示、竞赛等活动，充分利用网络等媒体搭建常设性、综合性、多元化的公益项目交流平台，促进社会组织之间，社会组织与政府、企业、媒体、公众之间的交流沟通与互动合作。充分利用报刊、广播、电视、网络等多种方式，广泛宣传社会组织在参与社会建设和治理中的积极作用，及时总结、宣传、推广社会组织先进典型，普及相关知识，加深公众对社会组织的认知，营造有利于社会组织改革发展的良好社会氛围。

第五节　社会组织治理的深化与展望

一、加强社会组织治理的法制建设

加强社会组织法制建设，是依法行政、规范管理的需要，也是保障社会组织合法权益、促进社会组织健康发展的必然要求。目前，规范调整我国社会组织的法规明确了各类社会组织的组织特征、法律地位、登记条件，确定了管理体制和管理权限，规定了监管职责以及对违法行为和非法组织的处罚措施，确立起我国社会组织管理的基本制度。同时，民法通则、企业所得税法、公益事业捐赠法等也就社会组织相关权利、义务做出了规定；民办教育事业促进法、就业促进法、律师法、注册会计师法、保险法等相关法律，为社会组织参与各项社会事业提供了法律保障。此外，政府有关部门制定了配套的部门规章和规范性文件，涉及社会组织的名称、章程、印章、年检、处罚、财务、税收、社会保险等多个方面内容。

但是，与我国经济社会发展需要和社会组织发展要求相比，社会组织法制建设相对滞后。一是立法层级较低。目前我国还没有针对社会组织的专门法律，调整规范社会组织的只有行政法规和一些部门规章、地方性法规，法律体系构架不科学，法律层级与社会组织的地位和作用不相符。二是现行法规的内容不完善。以社会组织登记管理的程序性规定为主，缺乏实体性规范，监督管理的规定多，培育扶持的内容少，社会组织能力建设和发挥作用缺乏有效引导和必要保障。三是管理体制有待改进。现行管理体制下，政府的培育发展和监督管理职责均难以落实到位，不但限制了社会组织的活力，而且影响了行政管理体制改革的进行。四是调整范围有限。现行法规基本只针对传统意义上的国内正式社会组织，而近年来大量涌现的草根组织、活动日趋频繁的境外非营利组织以及各类网络虚拟社会组织等均不在法规调整的范围内，造成监管真空。

党中央高度重视法制在社会组织发展中的作用。从地方党委、政府工作的层面出发，应利用地方立法的有效空间，着力加强法治环境建设，重点解决社会组织建设中无法可依、有法不依、执法不严、违法不究等问题。要通过社会组织法制建设，着力解决好立法跟进、监督促进、服务推进问题，为社会组织发展奠定坚实基础，提供有力的法治保障。一是推动地方立法。应加快修订或制定地方性法规。二是出台规范性文件，加强制度建设。党委、政府要出台相关文件，消除各种阻碍社会组织发展的传统观念和体制机制障碍，鼓励和扶持社会组织发展，创造条件使社会组织参与社会公共服务，把通过社会组织可以解决好的、不必由政府承担的多项职能交给社会组织，充分发挥各类社会组织提供服务、反映诉求、规范行为的作用。三是完善扶持政策。协调税收优惠政策，推动制定"普惠式"的社会组织税收优惠政策，研究制订社会组织人力资源、社会保障等相关政策，研究制定政府向社会组织转移职能、向社会组织购买服务的政策，为社会组织健康发展提供更加有力的政策支持。

二、进一步促进和扶持社会组织发展

加强社会组织治理与促进社会组织发展是一个问题的两个方面。加强社会组织治理，必须首先促进其发展，而不是限制它们。

一是加大政府向社会组织购买公共服务的力度。政府是公共服务的主要提供者，但是提供公共服务不一定要亲力亲为。有许多公共服务供给，政府可以通过向社会组织或其他组织购买的方式实现。国内外的实践已经证明，政府购买公共服务可以降低成本、提高效率、减少腐败。政府应当将适合以市场化方式提供的公共服务事项，交由具备条件、信誉良好的社会组织、机构和企业等承担。具体措施有：制定政府购买服务指导性目录，明确政府购买服务的种类、性质和内容。政府可通过委托、承包、采购等方式购买公共服务。要按照公开、公平、公正原则，严格程序，竞争择优，确定承接主体，并严禁转包。加强政府购买服务资金管理，在既有预算中统筹安排，以事定费，规范透明，强化审计，把有限的资金用到群众最需要的地方，用到刀刃上。建立严格的监督评价机制。全面公开购买服务的信息，建立由购买主体、服务对象及第三方组成的评审机制，评价结果向社会公布，接受社会监督。对购买服务项目进行动态调整，对承接主体实行优胜劣汰，使群众享受到丰富、优质、高效的公共服务。

二是推进社会组织孵化基地建设。以"政府支持、民间兴办、专业管理"为原则，以更大的力度在更高的平台上建设社会组织孵化基地，采用资金、项目、人才、场所等多元化扶持方式，推进社会组织孵化基地建设。

三是引入竞争机制。特别是在行业协会中要打破垄断局面，从"一业一会"向"一业多会"转变，允许一个行业有多个行业协会，通过竞争提高它们的服务能力和水平。

三、不断改进社会组织管理方式

一方面，要改进管理体制。按照创新社会治理的要求，完善统一登记、各司其职、协调配合、分级负责、依法监管的社会组织管理体制，完善法律监督、政府监督、社会监督、自我监督相结合的监管体系，推行社会组织信息公开和评估制度，健全整合退出机制。

另一方面，探索社会组织“一体化管理”形式。对那些业务主管关系不明确、业务无须行政许可、与民政部门业务相近的公益慈善类、社会福利类、社会服务类社会组织，应在民政部门直接登记，由民政部门进行一体化管理。让那些与改善民生直接相关的社会组织有更加宽松、自由的发展空间。

四、努力加强社会组织自身建设

一要推进社会组织的制度建设。要以“法人地位明确、治理结构完善、筹资渠道稳定、制约机制健全、管理运行规范”为标准，引导社会组织逐步建立健全工作制度。二要促进社会组织的能力建设。始终把自身能力建设作为根本，着力提高项目运作、策划组织、协调服务等方面的能力，树立品牌意识，加强自律和诚信建设。三要促进内部规范化管理。社会组织要规范用人制度，完善保障和激励机制，按照国家有关规定实行劳动合同制度，保障工作人员合法权益，同时要建立健全财务决策、管理和监督制度。四要加强人才队伍建设。制度是核心，人才是关键。要用事业留人、用感情留人、用待遇留人，吸引更多的人才从事社会组织工作。

五、更加重视社会组织党建工作

促进社会组织发展、加强社会组织治理，都必须加强党建工作，这样才能保证社会组织发展的正确方向。

一要努力拓展党建工作新领域，扩大党在基层社会的渗透力和影响力。推动基层党建从传统领域向新领域拓展，推进两新组织（新经济组织和新社会组织的简称）党建工作。对于已有的两新组织，要通过“同步引导规范建、行业龙头引领建、村企互动联合建”等形式组建党组织；对于新建的两新组织，要实施企业筹建与党组织组建同步，企业生产经营与党的建设同步；对于暂不具备建立党组织条件的两新组织，要通过加大党建工作指导员和联络员的选派力度，加快建立工会、共青团等群团组织，实现有效的党建工作覆盖。

二要提高社区党组织的战斗力。社区自治组织是社会组织的重要组成部分，社区党组织是党的最基层组织，也是最靠近群众、与群众联系最密切的党组织。社区党组织的战斗力如何，直接关系到社会管理的效能。要制订“社区党建工作条例”，明确社区党建的目标、指导思想、工作原则、组织设置、基本职责、队伍建设等内容，并加大贯彻力度。

三要构建统一高效的社会组织党建工作管理体制。深入研究社会组织的区域、性质、活动范围等特点，对社会组织党建工作进行分级分类管理。充分发挥地方党委组织部门、行政（登记）管理部门和业务主管部门在社会组织党建工作中的作用，切实建立起“三位一体、共同负责、通力合作、齐抓共管”的管理体制和工作机制。一般情况下，地方党委组织部门发挥宏观指导作用，行政管理部门和业务主管部门党组织负责具体的管理工作。根据管理主体的不同，管理模式可以灵活采用行业管理、属地管理、就近管理等模式。

四要科学设置社会组织党组织形式。两新党组织的组建有向区域化、社会化演进的趋势，即相对于传统意义上在一个基层组织（或单位）内对应设置一个党的基层组织而言，在多个单位、组织共存的区域内设置一个党的基层组织；或者通过建立党员服务中心等方式，为那些难以建立稳定的组织关系、建立组织和运作的成本高且效果不易维持的流动党员提供一个社会化、专业化、开放式的组织载体。社会组织党组织的设置，一要依照党章党规以及中央有关规定建立并开展活动；二要符合社会组织的实际，坚持改革创新精神；三要注重实效，有利于基层党建工作的推进，有利于单位和行业的健康发展，有利于服务社会治理大局。

第四章　新常态与创新社会治理

2008 年金融危机以后，中国经济出现了由高速增长进入中高速增长、结构优化、动力转换的新发展阶段。新常态也伴随着新问题、新矛盾，一些潜在风险渐渐浮出水面。能不能适应新常态，关键在于全面深化改革的力度。党的十八届三中全会指出，全面深化改革的总目标是完善和发展中国特色社会主义制度，推进国家治理体系和治理能力现代化。创新社会治理体制是推进国家治理体系和治理能力现代化的重要内容。本章结合中国新常态发展格局，根据国家治理体系和治理能力现代化要求，阐明创新社会治理体制的基本任务，梳理总结近年来社会治理创新的成效，同时分析了新常态时期创新社会治理体制面临的重大瓶颈，为创新社会治理的总体框架提供依据。

第一节　新常态与国家治理体系现代化

一、新常态及社会治理新要求

自党的十八大以来，党中央根据中国经济发展变化的诸多新趋势、新特点，全面提出了中国经济发展进入“新常态”的论断，这成为“十三五”乃至更长时期我国经济社会发展的基本态势。一般而言，经济新常态主要有三个特点：一是从高速增长转为中高速增长。二是经济结构不断优化升级，第三产业消费需求逐步成为主体，城乡区域差距逐步缩小，居民收入占比上升，发展成果惠及更广大民众。三是从要素驱动、投资驱动转向创新驱动。与此相适应，中国的社会发展也进入新常态时期，呈现社会结构更加复杂多元、利益分化更加明显、民生诉求全面升级、网络社会生态更加复杂的特点，社会治理表现出更加重视基本权利的保护、更加强调法治的力量、更加注重基层治理、更加重视互联网治理、更加关注公共安全治理、更加强调社会组织的作用、更加重视社会人才的专业培养等基本趋势和要求。经济发展的新常态预示着我国经济社会的改革进入深水区和攻坚期，将会有一系列新矛盾、新问题和新风险不断浮出水面。而如何适应和把握新常态、引领新常态，关键在于实行经济和社会制度的系统配套和全面深化改革，构筑有限政府与责任社会相统一的综合社会治理新体系。

二、国家治理体系和治理能力现代化的提出

为适应和引领新常态发展，党的十八届三中全会全面提出我国深化改革的总目标是“完善和发展中国特色社会主义制度，推进国家治理体系和治理能力现代化”。这是“治理”一词首次进入党中央的规划性文本，预示着在当今经济全球化、市场化、城市化、信息化背景下，我国的传统国家管理模式走向转型和升级，必将推动我国政府社会管理体制发生重大变革。党的十八届五中全会又提出“加强社会治理基础制度建设，构建全民共建共享的社会治理格局，提高社会治理能力和水平，实现社会充满活力、安定和谐”，国家治理体系和治理能力现代化既是共建共享社会治理格局的重要目标，也是新时期创新社会治理的重要行动指南。

（一）国家治理体系的基本内容

一般认为，国家治理体系由经济治理、政治治理、文化治理、社会治理、生态治理五大体系构成。但这种纵向治理体系的观点实际上是一种各自为政、部门化的思路，无法从根本上建构起系统、整体、协同的治理格局。从全球“治理”思想、世界发达国家治理实践和中国国情相结合的视角来看，具有中国特色的国家治理体系应该包括五大基本内容。

一是治理结构体系，即“党、政、企、社、民、媒”六位一体。治理结构解决的是“治理主体是谁”“治理主体之间是什么关系”两大问题。首先，要有多元化、负责任的治理主体。具有中国特色的国家治理结构应该包括中国共产党（民主党派）、国务院及各级地方政府、混合型市场企业（国有企业、私有企业，内资企业、外资企业，跨国企业、本土企业等）、各类社会组织（科技型、公益型、服务型等，全球型、本土型等）、广大人民群众、各类媒体（传统媒体和新型媒体）六大主体，缺一不可。其次，要有边界清晰、分工合作、平衡互动的多主体和谐关系。其中，政府与市场、政府与社会之间的关系是多元化治理主体之间的两大核心关系。关键在于厘清各自的权限边界，把本应该属于市场、社会的职能完全交给市场和社会处理，政府重点履行好宏观调控、公共服务、维护社会规则等职能。

二是治理功能体系，即动员、组织、监管、服务、配置五大功能。功能体系解决的是“治理体系主要发挥什么作用”的问题。这一体系主要发挥五个方面的作用：①动员功能。良好完备的治理体系能够有效发挥社会动员功能，在经济、政治、文化、社会、生态、党建等各个领域的深化改革中取得最大的社会共识，凝聚社会合力。②组织功能，即

良好的国家治理体系可以把个体化、原子化的社会主体（企业、个人等），融入特定类型、特定目的的各类组织体系之中（如党组织、单位组织、社会组织、民众自治组织等），提高国家与社会的组织化程度，谋求个人利益、集体利益和国家利益的统一。③监管功能，即国家治理体系在帮助市场和社会不断实现自由、民主、发展的同时，需要一套完备的监督手段，对各类经济主体、政治主体和社会主体实施宏观监控，保持国家政治、经济和社会的总体和谐稳定。④服务功能，即顺应经济社会发展的趋势和要求，最大限度地提供规模化、优质化、多样化的公共服务和社会保障，满足人民群众日益提高的多元物质与精神需求，是国家治理体系保持长久运转的基础保障。⑤配置功能，即良好的国家治理体系应该实现经济资源的市场化配置（让市场在资源配置中发挥决定性作用）、社会服务资源的社会化配置，通过建设科学化的资源配置机制全面提高资源配置效率，充分挖掘国家发展的活力。

三是治理制度体系，即法制、激励、协作三大基本制度。治理制度体系解决的是“如何保障治理结构有效运转”的问题。明确治理主体、治理功能后，重点要有一套完备的法律和制度体系，保障治理体系的有效运转。制度作为软实力，在某种程度上直接决定着国家治理体系的成败。笔者以为，需要确立三大根本性制度体系：①法制体系，即在政党建设、经济建设、社会建设、文化建设、生态建设等领域适时更新和建立成套的法律体系，把所有的政治活动、经济活动、社会活动、文化活动、生态活动全纳入法律框架体系内，严格执法，严厉杜绝非法犯罪活动的产生和蔓延。②激励制度体系。通过制定科学、有效的激励体系，最大限度地调动所有领域的多元化主体，在合法前提下激发和释放内在潜能和活力，促进国家各领域主体实现“从一般走向优秀、从优秀走向卓越”的纵向流动，协同推动个人和国家不断发展进步。③协作制度体系。在强调各领域、各条线依法高效运转的同时，强调纵横交叉协作是国家治理体系的根本要义。为此，大到全球治理、次区域治理，小到主体功能区治理、地方治理、城市治理、特定问题治理等，需要一套完备的国家间、政府间、部门间、公私间的跨界协作制度体系来化解冲突和矛盾，在互动合作中寻求整体利益最大化。

四是治理方法体系，即法律、行政、经济、道德、教育、协商六大方法。治理方法体系解决的是“具体靠什么手段进行治理”的问题。国家治理是一个综合系统，需要多元方法和手段的协同使用，主要包括六大治理手段：①法律手段。这是首先需要采用的手段，对违反法律的一切行动都要依法严厉打击和制止，创建法治型国家。②行政手段。作为一个拥有庞大行政体系的大国，在经济、社会等多个领域适时采取高效的行政命令、指示、规定等措施，依然具有一定的必要性和重要性。③经济手段。特别是在全面发展社会主义市场经济的过程中，更多的要采取财政、税收、货币、价格等符合价值规律的经济手段，引导宏观经济的协调高效发展。④道德手段。依法治国和以德治国并重，是中华民族五千年总结的有益经验，我们要传承和发扬中国传统文化的德治精髓，加强社会公德建设，引导个体加强自我约束，实现社会和谐。⑤教育手段。除了正规的学历和职业教育，更要强调各行各业开展继续教育和民众社会教育，让每个个体与时俱进，解放思想，更新观念，发挥潜能，激发活力。⑥协商手段。按照民主协商的总要求，在政治、经济、社会、文化、生态等领域建立健全多主体协商机制，畅通利益表达渠道，扩大民主参与，促进社会公平发展。

五是治理运行体系，即自上而下、自下而上、横向互动三大运行方式。治理运行体系解决的是“治理体系采取何种方式、何种路径运转”的问题，需要三大运作方式：首先是自上而下方式，即通常所说的顶层设计。这是大国治理必须依靠的治理方式，关键在于处理好中央政府与地方政府、上级政府与下级政府之间的权责关系，坚决贯彻落实有益政策，根除“上有政策、下有对策”的对抗性做法，实现政策不走样、不变味。其次是自下而上方式，即通常所说的“摸着石头过河”。诸多领域的改革创新可在地方层面先行先试，等掌握了规律、积累了经验以后，再向全国推行和推广，降低改革风险与成本。最后是横向互动方式，即通常所说的“学习借鉴”。在不同领域、不同主体之间通过互动、走访、学习等过程，可以实现协同效应、整合效应、创新效应。

（二）治理能力现代化的基本内涵

治理能力现代化是中央政府提出的一个全新概念，目前还没有一个统一、权威的官方界定，对此诸多专家、学者进行了大量的解读。如俞可平认为中央提出国家治理体系和治理能力的现代化，实际上是提出了政治现代化的任务。衡量一个国家的治理体系是否现代化，至少有五个标准。其一是公共权力运行的制度化和规范化，它要求政府治理、市场治理和社会治理有完善的制度安排和规范的公共秩序；其二是民主化，即公共治理和制度安排都必须保障主权在民或人民当家做主，所有公共政策要从根本上体现人民的意志和人民的主体地位；其三是法治，即宪法和法律成为公共治理的最高权威，在法律面前人人平等，不允许任何组织和个人有超越法律的权力；其四是效率，即国家治理体系应当有效维护社会稳定和社会秩序，有利于提高行政效率和经济效益；其五是协调，现代国家治理体系是一个有机的制度系统，从中央到地方各个层级，从政府治理到社会治理，各种制度安排成为一个统一的整体。

“治理能力现代化”主要是指以国家治理体系为基础，借助制度、机制、政策、技术等因素，促使国家多元治理能力保持协调进步、务实高效的一种趋向与状态，是解决国内外各类公共问题、促进国家和谐民主发展的软实力。任何一种治理能力，都是以党政干部、企业家、社会组织领导者、社会民众等多元社会主体为载体，通过具体的互动合作行为和效果来体现的。“治理能力现代化”至少包括两层含义，一是能力结构，即明确治理能力到底应该包括哪些能力体系；二是能力功能，即明确能力发展趋向，包括这些能力应该往什么方向发展，应该达到什么样的状态，获得怎样的治理效果。因此“治理能力现代化”实质上就是在一个国家范围内，多元社会主体之间互动合作、集体行动的多元能力体系及其提升过程，实现由良好多元主体合作治理的“善治”格局，是治理体系现代化的终极目标。如果从中国国情出发来看的话，治理能力现代化至少应该包含以下五种能力、五种状态：

一是决策能力的民主科学化。党和政府是国家治理的主体之一，除了政党具备坚强的领导力、发挥核心领导作用外，更需要政府具备强有力的履职能力，其中民主科学化的决策能力是第一位的。尤其在当前信息大爆炸、客观环境复杂多变的局势下，如何创新决策机制，按照科学化、民主化的要求，对国内外重大发展事件做出科学、客观、准确的判断与决定，减少经济社会发展中的失误以及因决策不合理而带来的资源浪费，减少发展风险，直接决定着一个国家和一个地区经济社会进步的方向与进程，更考验着中央和地方政府的实践驾驭能力。因此，具备和实现决策能力的民主科学化，是治理能力现代化的重要内容和要求。这就要求我们在决策体系建设中不断创新和完善决策机制，努力建立与市场化、经济全球化、社会开放化、流动化、民主化发展趋势相适应的现代决策机制，开辟渠道听取社会民众的决策意见或建议。尤其是面对一些专业性强、技术性强的重大事项，要采取专家决策咨询、技术咨询、决策评估等方法和手段，积极探索互联网、社交媒体、大数据等现代技术手段在公共决策中的应用方法，全面提高决策的科学化、民主化水平。

二是执行能力的公开法制化。在科层制的行政管理体系中，按照行政级别的高级，逐级贯彻执行一系列正确的公共政策和方针政策，确保强有力的政策执行能力，让政策落到实处，是关乎政策绩效、国家治理能力和水平的一个关键因素。但在实践中，因政府职能和权限的划分，很多时候，不同政府之间总是存在某些博弈的情况。在政策执行的过程中，经常出现“上有政策、下有对策”“观望”“拖延”等不作为或乱作为行为，要么不好好执行已经制定的法律法规和政策，要么在执行过程中变通、变样执行，从而导致在现实中由于一些政策、法律没有得到严格的执行而引发了很多问题，直接结果就是各类政策的违法暗箱操作与政治腐败，以及司法不公判决而带来的各种社会不平等现象等。因此，最大限度地优化政策执行环境，减少来自不同领域或权力对政策、法律的干扰，确保各类公共政策和法律得到公开、公平、公正的执行，依法严格执行，全面提高政府系统的政策执行力，是当下我们推动治理能力现代化的重要任务和议题。如果没有公开、法制化的执行能力，即使制定再多的法律、规章和再好的政策措施，也永远无法解决我们身边的各种矛盾和问题。

三是调控能力的协调统筹化。作为一个国家或地区，处于经济全球化、区域化、信息化的大环境中，经济社会的发展与外部世界紧密相连，特别是在当今信息化、网络化的新时期，发生在全球各地的经济危机、政治危机、社会危机具有更加明显的传导效应。因此，如何从全球视角出发，高度关注政治、经济、社会运行的基本态势，采取灵活有效的手段，发挥应有的宏观调控作用，保持经济平稳运行、政治稳定、社会和谐，预防发生各类风险，既是政府的责任，也是政府必备的治理能力。而这种强有力的调控力应该突出协调统筹的特征。一方面，从调控手段上看，要综合协调应用行政、经济、法律、科技、道德等多种手段，以获取最佳调控效果。另一方面，作为一个人多地广的发展中大国，中国任何政策的出台或调整都要注重统筹能力，即统筹国内外、统筹城乡、统筹区域、统筹人与资源等重大关系，最大限度地降低政策调整的各种成本，保持经济社会的总体平稳运行。

四是协同能力的互动合作化。“治理”与“统治”最大的区别.就在于治理主体的多元化、治理方式的非正式协作与治理资源的整合化，而其中政府处于核心地位，是绝大多数资源的拥有者、分配者以及公共服务的主要提供者。实现国家、市场、社会三个基本领域力量的相对均衡、相互适应、相互协作，即形成“强政府、强市场、强社会”的格局，才会真正达到治理能力现代化的状态和目标。这说明，治理能力现代化要求政府必须具备或拥有一种政策引导和社会协同的能力，明确经济社会发展的总体目标和方向，全面激发各类社会主体的积极性和创造力，让市场、社会、民众等多元力量都参与国家治理过程，实现不同领域力量的均衡、功能的互补、利益的互惠，在不断促进社会团结和增强凝聚力的过程中深化改革、谋求发展。但是，这种协同能力的强弱是由政府与其他主体之间关系所决定的。唯有通过政府职能的不断转移，政府与政府、政府与社会、政府与市场之间形成真正的合作伙伴关系，走向合作、互动的制度化，实现政府治理与市场治理、社会治理的良性互动，一个国家或地区才能有效应对因人口增长、经济发展对公共服务、收入再分配、公众参与等提出的新需求，保障国家走上良性发展道路。

五是改革能力的综合配套化。治理能力现代化是一个动态的过程，更是一种与现实世界紧密相关和相适应的状态，因此，一个国家或政府能否审时度势，适时适地地推动相关领域不断增强改革动力和改革能力，是不断增强国家治理弹性、提升治理能力的重要内容和途径。这一改革能力包含着政治体制改革、经济体制改革、社会体制改革、文化体制改革、生态文明体制改革“五位一体”的全局领域，具体表现为改革框架的顶层设计能力、改革决心与信心、改革动力、改革领导力、改革执行力、改革创新能力等。但是，比改革本身更重要的是，这一改革能力强调实现综合化、系统化、配套化，多领域改革要步调一致、协同推动，全面深化改革，而不是表面化的小修小补。

三、构筑全民共建共享的社会治理格局的新任务

在国家治理体系和治理能力现代化总目标的指引下，党中央对社会治理做出了更加符合中国国情和社会经济发展实际的新解释、新论断。从党的十八大提出“五位一体”的总体布局到十八届三中全会提出“创新社会治理体制”，十八届五中全会提出“创新、协调、绿色、开放、共享”新发展理念、“加强和创新社会治理……推进社会治理精细化，构建全民共建共享的社会治理格局”，到十八届六中全会提出全面从严治党的逻辑表明，当下及未来一段时期内的社会治理创新，需要主动适应和引领经济社会发展的新常态，以共建共享为核心，加强对治理理念、体制机制和具体举措的改革创新。坚持以人为本，坚持把实现好、维护好、发展好最广大人民的根本利益作为出发点和落脚点，通过更有效的社会基础制度安排，从单纯的政府管理向政府主导下多元主体的协同治理转变，将政府治理、社会协同和公众参与结合起来，将物质层面的利益协调与精神层面的共识凝聚结合起来，将“共建”的治理过程与“共享”的治理目标结合起来，最大限度调动一切积极因素，实现社会的协调、平衡、可持续和包容性发展，在深刻变革中保持社会既生机勃勃又和谐稳定。根据《中华人民共和国国民经济和社会发展第十三个五年规划纲要》提出的“完善党委领导、政府主导、社会协同、公众参与、法治保障的社会治理体制，实现政府治理和社会调节、居民自治良性互动，全面构建全民共建共享的社会治理新格局”的要求，重点需要完成以下任务：

第一，完善党委领导、政府主导、社会协同、公众参与、法治保障的社会治理体制，坚持系统治理、依法治理、综合治理和源头治理，提高政府治理能力和水平。

一要树立全民共建意识，推进社会治理社会化。在发挥好党委领导、政府主导作用的同时，更要发挥好企事业单位、社会组织和基层组织的作用，引导社会成员增强主人翁精神，激发社会自治力量，让大众的问题由大众来解决。二要树立规则意识，推进社会治理法治化。要善于运用法治思维构建社会行为有预期、管理过程公开、责任界定明晰的社会治理制度体系，善于运用法治方式把社会治理难题转化为执法司法问题并加以解决。三要树立精准意识，推进社会治理精细化。提升社会治理现代化水平，就要培育以尊重事实、推崇理性、强调精确、注重细节为主要特征的“数据文化”，把精细化、标准化、常态化理念贯穿于社会治理全过程。

第二，加强社会治理基础制度建设。

社会治理现代化中，制度建设具有全局性、根本性作用。科学的社会治理理念和实践经验只有转化为普遍适用的制度，才能成为加强和创新社会治理的巨大力量。一要建立国家人口基础信息库。要加快国家人口信息管理系统升级改造进程，深入推进

居民身份证换发、异地办理和指纹信息登记工作，建立户口和身份证信息联网查询比对制度，逐步实现跨部门、跨地区信息整合和共享，确保基础信息全面、准确。二要完善社会信用体系。推进守法诚信宣传工作，既要加强教育，更要强化制度约束，形成守法诚信长效机制。要加快建立基于公民身份证号码的信任根制度，以保障实名制的落实。建立统一社会信用代码制度和相关实名登记制度，推行手机号码、银行卡、网络实名制，消除网上网下各领域虚假身份。建立违法犯罪记录与信用、职业准入等挂钩制度，强化对守信者的鼓励和对失信者的惩戒。坚持推行实名制和保护公民个人信息安全并重，健全用户信息保护制度，加强对用户个人隐私、商业秘密的保护。

第三，健全社会治理机制。

一是健全利益表达和公众参与机制。要完善行政复议、仲裁、诉讼等法定诉求表达渠道，发挥人大、政协、人民团体、行业协会等的利益表达功能。对关系公众切身利益的重大决策，通过居民会议、议事协商、民主听证等形式，广泛征求公众意见与建议。全面推行阳光信访，尽快实现国家信访信息系统全面联通，把网上信访打造成群众信访主渠道。积极推进网络参政议政，搭建党委和政府同群众沟通交流新平台。完善村务公开、居务公开、民主评议等途径，加强公众监督评估。二是健全利益协调机制。要围绕涉及群众利益的事项，按照协商于民、协商为民原则，积极推动有关部门、单位多同群众商议，确保各项工作更好地顺乎民意。依法保障居民的知情权、参与权、决策权和监督权，把社会稳定风险评估作为重大决策前置程序，努力使评估过程成为倾听民意、化解民忧、获得群众理解支持的过程，预防和减少因决策不当引发的社会矛盾。三是健全利益保护机制。要树立把改革发展成果更多惠及百姓的理念，围绕教育、就业、医疗、养老、住房等民生问题办大事、办实事，让群众得到实惠、看到希望。发挥好司法救济功能，依法严厉打击农村土地征用、城镇房屋拆迁、企业改制等过程中损害群众利益的违法犯罪行为，确保群众权益受到公平对待、利益得到有效维护。四是健全社会心理服务体系和疏导机制、危机干预机制。要开展社会关爱行动，建立社会专业服务机构，加强社会工作专业人才队伍和社会志愿者队伍建设，关心帮助困难家庭和个人。建立健全心理卫生服务体系，积极开展心理调节疏导工作，建立心理危机干预预警机制，防范和降低社会风险。对生活失意、心态失衡、行为失常的个人，按照“一把钥匙开一把锁”的要求，加强人文关怀和心理辅导、援助，引导其依法理性处理问题，防止发生极端事件。

第四，增强社区服务功能，发挥社会组织作用，增强社会自我调节功能。

一是增强社区服务功能。完善城乡社区治理体制，依法厘清基层政府和社区组织权责，建立社区、社会组织、社会工作者联动机制。健全城乡社区综合服务管理平台，促进公共服务、便民利民服务、志愿服务有机衔接，实现一站式服务。实现城市社区综合服务设施全覆盖,推进农村社区综合服务设施建设,提升社区工作者队伍职业素质。二是发挥社会组织作用。健全社会组织管理制度，形成政社分开、权责明确、依法自治的现代社会组织体制。推动登记制度改革，实行分类登记制度。支持行业协会商会类、科技类、公益慈善类、社区服务类社会组织发展。加快行业协会商会与行政机关脱钩进程，健全法人治理结构。推进有条件的事业单位转为社会组织，推动社会组织承接政府转移职能。加强综合监督和诚信建设，更好地发挥自律、他律、互律的作用。三是增强社会自我调节功能。引导公众用社会公德、职业道德、家庭美德、个人品德等道德规范修身律己，自觉履行法定义务、社会责任和家庭责任，自觉遵守和维护社会秩序。加强行业规范、社会组织章程、村规民约、社区公约等社会规范建设，充分发挥社会规范在协调社会关系、约束社会行为等方面的积极作用。

第五，完善社会信用体系。

一是健全信用信息管理制度。全面实施统一社会信用代码制度，制定全国统一的信用信息采集和管理标准。依法推进信用信息在采集、共享、使用、公开等环节的分类管理，加强对涉及个人隐私和商业秘密的信用信息的保护，加快推动信用立法。二是强化信用信息共建共享。建立信息披露和诚信档案制度，加快完善各类市场主体和社会成员信用记录机制。加强部门、行业和地方信用信息整合，建立企业信用信息归集机制，完善全国信用信息共享平台，建设国家企业信用信息公示系统，依法推进全社会信用信息资源开放共享。三是健全守信激励和失信惩戒机制。建立守信奖励激励机制，在市场监管和公共服务过程中，对诚实守信者实行提供便利化服务等激励政策。健全多部门、跨地区、跨行业联动响应和联合惩戒机制，建立各行业失信黑名单制度和市场退出机制。四是培育规范信用服务市场。建立公共和社会信用服务机构互为补充、信用信息基础服务和增值服务相辅相成的多层次信用服务组织体系，推动信用服务产品开发创新和广泛运用。支持征信、信用评级机构规范发展，提高服务质量和国际竞争力，健全征信和信用服务市场监管体系。

第六，健全公共安全体系。

一是全面提高安全生产水平。建立责任全覆盖、管理全方位、监管全过程的安全生产综合治理体系，构建安全生产长效机制。完善和落实安全生产责任、考核机制和管理制度，实行党政同责、一岗双责、失职追责，严格落实企业主体责任。加快安全生产法律法规和标准的制定及修订。改革安全评审制度，健全多方参与、风险管控、隐患排查化解和预警应急机制，强化安全生产和职业健康监管执法，遏制重特大安全事故频发势头。加强隐患排查治理和预防控制体系、安全生产监管信息化和应急救援、监察监管能力等建设，实施危险化学品和化工企业生产、仓储安全环保搬迁工程。加强交通安全防控网络等安全生产基础能力建设，强化电信、电网、路桥、供水、油气等重要基础设施的安全监控工作。实施全民安全素质提升工程。二是提升防灾减灾救灾能力。坚持以防为主、防抗救相结合，全面提高抵御气象、水旱、地震、地质、海洋等自然灾害综合防范能力。健全防灾减灾救灾体制，完善灾害调查评价、监测预警、防治应急体系。建立城市避难场所，健全救灾物资储备体系，提高资源统筹利用水平。加快建立巨灾保险制度，制定应急救援社会化有偿服务、物资装备征用补偿、救援人员人身安全保险和伤亡抚恤等政策。广泛开展防灾减灾宣传教育和演练工作。三是创新社会治安防控体系。完善社会治安综合治理体制机制，以信息化为支撑加快建设社会治安立体防控体系，建设基础综合服务管理平台。大力推进基础信息化、警务实战化、执法规范化、队伍正规化建设，构建群防群治、联防联治的社会治安防控网，加快推进网上综合防控体系建设。实施社会治安重点部位、重点领域、重点地区联动管控和排查整治机制，加强打击违法犯罪、禁毒、防范处理邪教等基础能力建设。四是强化突发事件应急体系建设。建成与公共安全风险相匹配、覆盖应急管理全过程和全社会共同参与的突发事件应急体系。加强应急基础能力建设，健全重大危险源、重要基础设施的风险管控体系，增强突发事件预警发布和应急响应能力，提升基层应急管理水平。加强大中城市反恐应变能力建设，强化危险化学品处置、海上溢油、水上搜救打捞、核事故应急、紧急医疗救援等领域核心能力，加强应急资源协同保障能力建设。建立应急征收征用补偿制度，加强应急志愿者管理，实施公众自救互救能力提升工程。提高境外涉我突发事件应对能力。

第七，建立国家安全体系。

一是健全国家安全保障体制机制。制定并实施政治、国土、经济、社会、资源、网络等重点领域国家安全政策，明确中长期重点领域安全目标和政策措施，提高应对各种风险、挑战的能力。加强国家安全科技和装备建设，建立健全国家安全监测预警体系，强化不同领域监测预警系统的高效整合，提升安全信息搜集分析和处理能力。建立外部风险冲击分类分等级预警制度，加强重大安全风险监测评估，制定国家安全重大风险事件应急处置预案。健全国家安全审查制度和机制，对重要领域、重大改革、重大工程、重大项目、重大政策等进行安全风险评估。建立重点领域维护国家安全工作协调机制，加强国家安全组织协调工作。二是保障国家政权主权安全。建立健全跨部门、跨地区联合工作机制，依法严密防范和严厉打击敌对势力渗透破坏活动、暴力恐怖活动、民族分裂活动、宗教极端活动。加强反恐专业力量建设，加强反恐国际合作，加强反间谍工作。加强网上主权空间对敌斗争和网络舆情管控，遏制敌对势力和恐怖势力利用网络空间进行渗透破坏活动。高度重视做好意识形态领域工作，切实维护意识形态安全。三是防范化解经济安全风险。坚持底线思维、预防为主，维护战略性资源、关键产业、财政金融、资本跨境流动等领域国家经济安全。加强对重要经济指标的动态监测和研判，制定重要经济领域风险应对预案。统筹应对去过剩产能、去商品房库存和去债务杠杆过程中的财政金融风险，以可控方式和节奏主动释放风险。加强对金融市场异常波动、风险传递和金融新业态风险的监管应对。强化全口径政府债务管理，推动地方政府融资平台市场化转型，有效化解地方政府债务风险。拓宽银行业不良资产处置渠道，完善流动性风险管理工具和应急预案，严厉打击非法集资行为。防范企业债务风险，提高能源、矿产资源、水资源、粮食、生态环保、安全生产、网络等方面的风险防控能力。增加国家战略物资储备，构建产品、产能、产地、储备相结合的国家战略资源能源储备体系。

第二节　中国创新社会治理体制的主要成效

自党的十八届三中全会以来，中央政府和各地方政府在党中央全面创新社会治理的政策要求下，按照“新常态”和“大众创业，万众创新”的新趋势和新要求，推行了一系列行之有效的社会治理创新举措，取得了实质性的进展。其主要表现在以下几个方面:

一、在简政放权中推进社会治理体制创新

继续转变政府职能，坚决实施简政放权改革，加快向社会赋权，构筑清晰的政府与社会关系，既是国家治理体系的重要内容，更是创新社会治理的重要依托和保证。正如2013年李克强总理履职伊始提出的“市场能办的，多放给市场。社会可以做好的，就交给社会。政府管住、管好它应该管的事”。因此，深化简政放权改革成为中央新一届政府全面深化改革的第一步。2013年，国务院机构改革有序实施，分批取消和下放了416项行政审批等事项，修订政府核准的投资项目目录，推动工商登记制度改革；2014年取消和下放行政审批事项200项以上，并建立了权力清单制度，清单之外一律不得实施审批。近年来，中央政府主要围绕行政审批、投资审批、职业资格认定许可、政府收费清理、商事制度改革（推进工商营业执照、组织机构代码证、税务登记证“三证合一”，实现“一照一码”）等领域，对简政放权做出了总体性要求和安排。根据国务院的要求和统一部署，各级政府继续深化行政审批制度改革，转变政府职能，取消和下放一批行政审批事项；清理和规范中介收费项目，编制权力清单和责任清单，把政府管不了、管不好、不该管的事项交给市场和社会去管理；规范行政权力，创新监管方式，提升服务质量，加大政府向社会力量购买服务的力度，不仅向社会放权，而且向社会投入更多的资源，促进社会主体健康成长。政府和社会的边界逐渐明晰，使得社会具有更大的自主权和更大的发展空间。政府和社会的关系得到改善，为形成政府治理、社会调节、居民自治的良性互动格局创造了条件。

二、在重心下移中强化基层社会治理

党中央和各级党委政府越来越清醒地认识到，社会治理的重点和难点都在基层。对此，习近平总书记曾指出，改革开放在认识和实践上的每一次突破，无不来自人民群众的实践和智慧，要鼓励不同区域进行差别化试点，推动顶层设计和基层探索良性互动。2015 年，中办、国办先后印发《关于加强城乡社区协商的意见》《关于深入推进农村社区建设试点工作的指导意见》，民政部会同中组部印发《关于进一步开展社区减负工作的通知》（民发〔2015〕136 号），进一步完善了基层社会治理的定位、架构、方法等，为加强和创新基层社会治理奠定了制度基础。各地按照“重心下移、力量下沉、保障下倾”的要求，推进街道和社区管理体制改革。全国各地普遍推进社区减负工作，向社区投放更多的人、财、物等资源。社区、社工、社会组织“三社联动”的局面正在形成，社区新型治理模式不断涌现。“网格化管理”“门栋自治”“院落自治”“楼宇自治”“业主自治”“社团自治”等多种社区治理形式在许多地方推行。2015 年，城市社区综合服务设施覆盖率达到 81.9%，民办社工机构有 4600 多家，47429 人取得社工师、助理社工师证书，全国持证社工突破 20 万人，志愿服务、时间银行等工作广泛开展。从全国来看，近年来基层改革力度最大的地方当属上海市。2014 年市委组织开展创新基层社会治理的“一号课题”研究，制定出台了《上海市委关于进一步创新社会治理加强基层建设的意见》和 6 个配套文件（简称“1+6”文件），是近 20 年来上海基层的一次重大创新与改革，这一个改革在全国产生了重大的影响。

三、在社会组织改革中激发社会发展活力

随着中国经济体制改革和社会改革的深入以及经济下行的压力，清理不合理的行政壁垒，降低市场交易成本，为“大众创业，万众创新”营造更为公平的外部环境。国家按照政社分开、权责明确、依法治理的原则，坚持一手抓发展、一手抓管理，引导和规范社会组织健康发展。2013 年以来，中央连续出台规范性文件，内容涉及对社会组织参与社会治理的扶持、对官办社会组织（主要是各级行政机关与其主办、主管、联系或挂靠的行业协会商会）以及群团组织的体制改革等问题，主要政策文件有 2013 年 9 月 30 日出台的《国务院办公厅关于政府向社会力量购买服务的指导意见》、2015 年 9 月 29 日中共中央办公厅印发《关于加强社会组织党的建设工作的意见（试行）》和 2016 年 12 月财政部、民政部联合发布的《关于通过政府购买服务支持社会组织培育发展的指导意见》等。2015 年，在全国民政部门登记的社会组织达到 63.8 万个。各地普遍采取积极措施，建设社会组织“孵化器”、培育基地，通过为入驻社会组织提

供行政办公后勤、政策法律咨询、项目策划、服务指导、交流培训、资源链接以及财务托管、人事托管、网站托管等一系列服务，为社会组织的发展成长提供便利条件，提升社会组织发展能力，激发社会组织活力。2015 年 7 月 8 日中办、国办印发的《行业协会商会与行政机关脱钩总体方案》以及 7 月 10 日印发的《中共中央关于加强和改进党的群团工作的意见》，为以工会、妇联、共青团为代表的群团组织改革发展指明了方向，为焕发群团组织的生机活力、有效参与社会治理注入了强大动力。为响应国家加大清理和规范行政中介的力度，各地纷纷响应，如安徽省公布全省行业协会与行政机关脱钩实施方案，规定从 2016 年起正式启动“红顶中介”行政脱钩工作；从 2018 年 1 月起，取消全省性行业协会商会的财政直接拨款；领导干部退（离）休后三年内不得到行业协会商会兼职。山西省则采取“负面清单”制度，对清理规范后保留的中介服务收费，实行目录清单管理制度并在政府门户网站公布。

四、在信息化建设中统筹现实社会和虚拟社会的治理

由于信息技术和互联网的快速发展，信息网络社会以高度开放性、虚拟性、无边界性的特征，在促进经济社会创新性发展的同时，也给传统现实社会治理带来了巨大的挑战。因此，一方面，如何充分发挥互联网的优势，利用大数据等技术推动社会治理的有效性和现代化，让科技使得人们的生活变得更加美好；另一方面，如何依法使虚拟网络社会保持应有的合理秩序，减少网络社会的敲诈勒索、传播不文明信息、信息泄露等负面问题，成为现代社会治理体制创新遇到的新情况、新问题和新任务。为此，近年来国家在相继推动“互联网 +”（《国务院关于积极推进“互联网 +”行动的指导意见》）和大数据战略的同时，建立了国家网上信访系统，鼓励和支持群众运用网络手段表达意见、反映诉求。在享受信息化建设成果的同时，进一步加大对互联网虚拟社会的治理力度，先后出台的《即时通信工具公众信息服务发展管理暂行规定》（“微信十条”）、《互联网用户账号名称管理规定》（“账号十条”）和《互联网新闻信息服务单位约谈工作规定》（“约谈十条”）表明，互联网信息主管部门正采取“柔性的治理方式”，通过划定“底线”以及号召“自律”来解局，强调“底线思维”，规范网民上网行为。各地纷纷开展智慧城市、智慧社区建设，充分运用现代科技信息手段推进社区治理网格化和精细化，运用“互联网 +”进行社会治理方式创新。

五、在构建公共安全体系中防范和化解各类风险、隐患

坚持安全发展、确保公共安全是社会治理创新的重要任务。颁布实施新修订的食品安全法、安全生产法等法律法规，进一步强化在公共安全体系建设中的政府领导责任、

相关部门的监管责任和企业的主体责任，努力构建一张立体化公共安全网。针对安全生产领域重特大事故仍然高发频发的现实，进一步加强管理、强化责任，要求各级政府和各类企事业单位落实安全生产责任和完善管理制度。针对高速铁路、城市轨道、油气管网等重点领域和煤矿、矿山、化工、烟花爆竹等重点企业，开展安全隐患专项排查整治行动。加强对各级领导干部的公共安全知识和处置突发事件能力培训。在网络安全方面，近年来中央设立了中央网络安全和信息化委员会，确立中央网信办为国家网络空间安全和信息化的统筹协调及办事机构。2015 年 7 月 1 日，《中华人民共和国国家安全法》出台，首次以法律形式提出"维护国家网络空间主权"；同年 7 月 6 日《中华人民共和国网络安全法（草案）》向社会公开征求意见；同年 11 月，《中华人民共和国刑法修正案（九）》实施，微信、微博造谣最高可判 7 年。根据中国互联网络信息中心数据可知，自中央网络安全和信息化委员会成立以来，颁布实施 47 部互联网相关法律法规，占"十二五"期间立法总量的 62%。

六、在标准化建设中实现社会治理的精准化、信息化和规范化

随着经济全球化、城镇化、流动化趋势的加剧，社会的复杂性和不确定性程度不断增强，但有了互联网和大数据以后，为社会治理的精准化、精细化、规范化提供了可能。为此，党的十八届五中全会上，全面提出了"创新、协调、绿色、开放、共享"新发展理念，并对社会治理提出了精细化、标准化的新要求。为此，国家质检总局（现为国家市场监督管理总局）、中央综治办、国家标准委在 2016 年 1 月 28 日发布《社会治安综合治理基础数据规范》（GB/T31000—2015）国家标准。该标准采用"9+X"模式，主要包括实有人口、特殊人群、重点青少年、社会治安、矛盾纠纷排查化解、校园及周边安全等 9 个方面的重点工作。这一标准的实行有助于推动社会治安综合治理标准化、规范化、信息化、精准化。

第三节　新常态下社会治理创新存在的主要问题

一、人口基数大，人均服务资源少

社会建设与社会治理实质上就是以人为本的工作，让所有人都过上更好、更体面的生活，保持社会有序和谐的状态就是社会建设和社会管理的核心。人口因素是影响

我国社会建设的第一因素，在相同投入和相同产出的情况下，人口较少的城市或地区更容易取得社会建设的成就和效果。从这个意义上讲，人口这一关乎中国一切问题的重大因素，无论是在城乡经济社会建设方面还是在社会管理方面，都是最值得关注的最大现实问题。按照第七次全国人口普查的最新统计，我国是一个拥有 14 亿多人的人口大国，巨大的人口基数必将产生人口数量持续增长、流动人口增长、老龄化比例持续增长、农村主要劳动力向大城市和特大城市继续集聚增长等效应。人口规模的不断增长扩大，一方面给教育医疗、住房交通、社会就业、社会保障、社会服务、社会管理、社会治安等带来压力，另一方面也势必造成公共服务资源的人均占有量降低，人口与资源、环境的矛盾日益加剧。

二、整个社会结构滞后于经济结构，导致很多结构性矛盾

社会结构的合理程度，是衡量一个社会是否健康、稳定、成熟的重要指标。社会治理过程实质上是对社会结构不断调整、不断优化，谋求社会结构与经济结构相协调、相适应的动态过程。中国社会科学院发布的《当代中国社会结构》报告指出，当前中国的经济结构已进入工业化中期阶段，甚至有些指标表明已经进入了工业化后期阶段，但是社会结构指标还没有随着经济结构的转变而实现整体性转型，多数社会结构指标仍然处在工业化初期阶段。报告根据测算认为中国社会结构滞后于经济结构大约 15 年，这是产生当前诸多社会矛盾的重要原因。一般而言，社会结构主要由就业结构、消费结构、社会阶层结构、收入分配结构、家庭结构、城乡结构等多个指标构成。具体而言，当前我国的就业结构处于以工农业为主、第三产业较弱的不平衡状态，如 2015 年三次产业就业人员比重为 28.3 ： 29.3 ： 42.4，服务业就业比重仍然较低。社会阶层结构方面，在工业化中后期阶段，中产阶层规模比例为 22.5% 至 65%，而目前中国中产阶层规模为 22% 左右，达到发达国家中产阶层规模大概需要 17 年。从收入分配结构来看，根据官方数据，2015 年我国基尼系数为 0.462，虽然出现了连续下降的趋势，但仍然高于 0.4 的世界警戒水平。社会贫困和较大的收入差距共存让更多的人存在一种"被剥夺感"，日渐成为引发各种社会矛盾和冲突的主要原因。从家庭结构来讲，小型化、少子化成为显著特征。特别是家庭的传承功能开始弱化，有效家庭教育的缺失也带来了一些以未成年人为主的社会问题。从城乡结构来看，尽管中央和各大城市进行了户籍制度改革，但实际上仍然制约着公共服务均等化的新型城镇化发展。2015 年年末，我国仍有 2.47 亿（占总人口的 18%）的流动人员，无法享受与市民同等水平的公共服务，产生了随迁子女教育、住房保障、权益维护等方面的新二元结构问题，也造成了我国的"假性城市化"问题，即实际城市化率（按户籍算）仅有 35% 左右。上述问题是我们的实际国情，也是新常态时期依然存在的结构性问题，需要依靠全面深化改革加以解决。

三、政府投入能力有限，投入结构不尽合理

从财政收支的角度来说，社会治理是一项十分重要的政府投入工程，政府投入力度的大小，尤其是政府对民生领域的投入规模、投入结构等，在一定程度上决定着社会治理的速度和进程。自党的十六大以来，中央和地方政府对社会建设投入了很大的财力。据统计数据显示，2012 年，全国公共财政支出 125712 亿元，其中用于与人民群众生活直接相关的教育、医疗、卫生、社会保障和就业、保障性住房、文化方面的民生支出累计达到 84060 亿元，约占总支出的 2/3。尽管如此，在我国长期注重经济建设投入的惯性作用下，无论以怎样的口径对比，我们对于民生领域的投入还是严重不足，民生投入强度在世界上处于较低水平。尽管我国对社会保障的投入不断增加（我国财政社会保障经费年支出，从 2005 年的 3600 亿元增长到 2012 年的 12542 亿元），但如果将社保支出和 GDP 相比，2012 年我国社会保障和就业方面的支出占 GDP 的比重仅为 2.4%。如果将社保支出和财政支出相比，我国这一比例为 15%，还有很大的提升空间。在教育、养老、就业等领域存在同样的问题，尽管近些年国家对以上三大民生领域加大了投入的力度，但历史上长时间投入不足所造成的后果，严重影响着当今这些关键民生服务的实质性改善。例如在较少的投入下，我们的养老存在养老金缺口大、替代率偏低（40% 左右）、缴费率偏高等问题，不但降低了人们的养老水平，更不利于依靠扩大内需来拉动经济增长。

尽管我国对医疗卫生的投入增速较快，如从 2008 年的 2757 亿元到 2011 年的 6429 亿元，2012 年达到 7199 亿元，医疗覆盖率达到 95% 以上，即便如此，相对投入水平依然偏低。2012 年医疗卫生支出占全部财政支出的比重只有 9%，占 GDP 的比重约为 1%。2012 年我国教育支出为 21165 亿元，占 GDP 的 4.08%，刚刚达到 4% 的及格线，但民众的教育负担并没有得到实质性的改善。因此，从财政投入或支出结构来看，公共财政投入不足是导致我国民生和社会建设进程缓慢的根本原因之一。当然，当前形成的这种投入结构与我国长期以来推行经济型政府及其相应支出安排息息相关。因此，削减行政与经济建设支出，大幅度增加政府对教育、就业、医疗、养老、社会保障等公共服务的财政投入，是我国社会建设与社会治理创新需要解决的一个重大问题。

四、关键领域的社会制度改革有待进一步强化

社会建设的核心是人，即让所有人共享经济发展成果，以便让人们过上更好的生活，形成社会公平机制，促进人的自由全面发展。拿我国来说，改革开放的重大国策使得我们已经全面融入了经济全球化体系之中，经济市场化程度明显提高，城市化步伐显

著加速，社会跨界大流动格局已经形成。特别是随着人们生活水平的不断提高，人们的权利意识、市场意识、参与意识、民主意识都觉醒并高涨起来，争取自身合法权益成为广大民众的普遍选择。这就需要顺势而为，与经济发展程度相适应，适时改革创新制约经济社会协调发展的重大性、配套性社会管理制度或政策，谋求经济与社会发展相适应、相得益彰。从我国目前的格局来看，正是由于长期以来我们高度关注经济发展，进而创造了经济发展的世界奇迹，但对社会政策并没有给予相应的关注，使得一些传统的社会管理政策和制度已经不能满足经济社会发展的现实需要，这些关键性领域的老做法恰恰造成了诸多社会不和谐、不公平的矛盾和问题。改革显著滞后的关键性、重大制度或政策主要包括四个方面：一是户籍管理制度。我国城乡隔离的传统户籍制度，从根本上把当前的流动人员排除在城市公共服务供给体系之外，直接造成了所谓留守儿童、留守老人、流动儿童、农民工随迁子女教育、住房等“新二元结构”问题。如果加大改革力度，剥离户籍上依附的诸多社会福利项目，实行全国统一的居住证制度，这些问题都会迎刃而解。但户籍制度改革是一项非常复杂的利益大调整工程，很难一步到位。二是土地制度。在快速城市化过程中，由于受我国特殊的土地制度所限，在不合理的土地征收补偿体系下，农民几乎被排除在土地增值收益分配体系之外，农民无法公平享受到土地资本化后的升值收益。在城市化进程中，农民在一定程度上面临失业的问题，这是当前上访不断、矛盾加剧的主要原因之一。三是收入分配制度。收入分配制度改革是近年来国家努力跨越“中等收入陷阱”的重大改革方略，取得了一定的成效。但在现实中，行业之间、城乡之间、群体之间的收入差距依然较大，再加上因权力导致的腐败问题和权钱交易，往往成为引发社会不稳定的首要因素。因此，如何深化收入分配制度改革，努力增加中等收入群体的比重，让更多的低收入群体共享经济发展的成果，仍然是新常态时期创新社会治理面临的巨大挑战。四是社会保障制度。尽管我们已经在社会保障制度建设方面取得了显著的成绩，初步建立了覆盖城乡居民的社会保障体系，覆盖面扩大了，待遇提高了，对于一个拥有 14 多亿人口的发展中大国来说实属不易。但从加强社会建设的更高要求来看，我们的社会保障制度依然存在基本养老金正常调整机制尚未建立、社会保障全国城乡统筹与衔接尚未实现等重大问题，不利于构筑科学健全的社会保障体系和形成公平、高效的社会发展格局。

五、社会组织发育不够，社工人才缺乏

新常态时期的社会治理不是强调政府全包全揽，而是强调大量社会组织的有效参与和基层民众的自治，通过建立居民自治、社区共治、政府与社会良性互动的社会治理新机制，满足民众多样化、个性化的需求。这就要求我们必须拥有足够的社会组织数量及专业化的服务能力。近年来，在国家相关政策的支持下，社会组织发展较快。

但是，与经济发展水平和社会发展需要相比，我国社会组织总体发展相对滞后，数量少、规模小，地区发展不平衡，部分社会组织内部管理机制不健全，存在服务的专业性、规范性、公信度不足等问题。再加上政府购买公共服务的机制不甚健全，使得我国社会组织发展仍处于初级阶段。拿社会组织数量来说，统计数据表明，我国平均每万人拥有社会组织的数量尽管有所增长，但与发达国家相比仍存在一定的差距（见表 4-1），与真正适应市场经济要求的小政府、大社会体系相比还有较大的距离。

表4-1　中国与发达国家每万人社会组织拥有量比较（部分）

国家	社会组织拥有量 /（个 / 万人）
德国	133
法国	110
日本	97
美国	52
中国	4.4

与此同时，就像经济建设需要一批有勇有谋的企业家一样，社会治理同样需要一大批有专业能力的社会企业家、社会工作者和社会领军人才队伍。社工在发达国家已有上百年历史，而在我国内地仍处于初级阶段，社工人才队伍现状与经济发展水平和人民群众需求不匹配。一方面，社会工作者人才数量偏少，缺口很大。在美国、加拿大、日本等国家，专业社工的配置比例能够达到总人口的千分之二至千分之五，如美国 2010 年的社工数量是 65.05 万人，相当于每 1000 人就有社会工作者 2 ~ 3 人。据报道，当时我国各行各业约有社会工作者 20 万，参照国家 18 部委联合制定的社工专业队伍建设规划，我国应拥有 200 万专业社会工作者，我国社工尚缺口 180 万人。另一方面，受体制机制等的影响，现有的社工机构和社工队伍的发展并不一帆风顺，人员流失严重，“社工难”现象也很普遍。“社工缺、社工难”问题在一定程度上制约着我国社会治理的进程和水平。

第五章　基层社会治理创新模式

第一节　“政社互动”治理创新模式

一、“政社互动”的内涵

“政社互动”是指政府行政管理与基层群众自治的有效衔接和良性互动。具体地说，是指各级政府及其部门（主要是基层政府）与社区组织（主要是居民自治组织）、社会组织这两类社会治理主体之间，在依法划分权力边界基础上，综合运用行政权力目录管理、规范性文件清理、行政信息公开、行政委托、行政协助、行政指导、行政合同、行政调解等法治方式，理顺政府行政职能、调整社会治理结构、改进行政管理方式，建立利益协调机制、诉求表达机制、矛盾调处机制、权益保障机制，从而实现政府治理和社会自我调节、居民自治的良性互动。

“政社互动”是新时期基层社会治理的新模式。它的创新之处在于既约束和规范了基层政府的行政行为，理顺了政府和群众自治组织之间的关系，提升了基层自治组织的履职能力，又实现了政府职能转变、自治组织功能增强、居民群众受益等多方共赢的效果。

二、“政社互动”的特征

作为一种新型社会治理模式，“政社互动”的特征主要表现在以下三方面：

一是健全了群众自治机制，实现“政社分开”。通过制定基层群众自治组织依法履行职责事项、基层群众自治组织协助政府工作事项等，厘清基层政府和群众自治组织责权边界，减少了行政摊派事务，使村（居）委会干部能够把更多精力投入社区的管理服务中，自治组织凝聚力和自治活动吸引力显著增强。

二是创新行政管理方式，促进“政社合作”。基层政府和群众自治组织建立“双方契约”，以基层群众自治组织协助政府管理“协议书”取代了原来的乡镇（街道）政府与村（居）委会间的“行政责任书”。“协议书”明确基层政府委托自治组织介入的项目内容、经费保障及违约责任，对自治组织依法协助事项实行“支付协助”，改变基层政府以行政命令下达指标任务的工作方式。在“一揽子契约服务”中，基层政府集中列出委托自治组织协助的项目明细，将社会治理的“责、权、利”落实到基层。建立政府购买服务制度，通过公开招标、项目发包和委托管理等方式，引导社区自治组织和社会组织依法承接委托事项，形成公共服务供给竞争机制。

三是拓宽群众参与渠道，规范了基层政府和群众自治组织的履职行为。开展“政社互动”，实施“双向评估”，由党政干部组成的自治组织履职履约情况评估小组和由村（居）党组织、村（居）干部、群众代表组成的政府履职履约情况评估小组对双方履约情况进行年度评估。为扩大双向评估的社会参与面，在基层政府履约评估中引入社会满意度调查机制，对其管理、服务效果进行客观评价，将评价结果向社会公示；在自治组织履约评估中设置社区勤廉指数等指标，对村（居）委会成员履职情况进行公开测评，规范了自治组织的自治和服务行为。

三、推行“政社互动”的现实意义

在“政社分离中合作，合作中共赢”是对“政社互动”的形象描述。“政社互动”的动力是政府部门的职能转移，基础是社会主体的自主性和能力建设，运作方式是“政府搭台，社会协同”。其最终目标是构建党委领导、政府负责、社会协同、公众参与的社会治理新格局，通过努力基本形成政府调控同社会协调互联、政府行政功能同社会自治功能互补、政府管理力量同社会调节力量互动的新型社会治理模式。“政社互动”是立足基层实际，推动创新社会治理模式、实现社会治理法治化的必然要求。

（一）“政社互动”是新时期经济社会转型升级的必然要求

经济社会面临的转型升级的主要内容，是由政府主导下的引进技术、来料加工、贴牌生产、低端低值、高耗高排、规模扩张、外延扩张，向市场、社会主导下的自主创新创造、自有品牌、高端高值、低耗低排、能级提升、内涵扩张转变。经济的转型升级必然要求政府行政管理方式的转型升级，即从权力型政府、管制型政府、全能政府向责任型政府、服务型政府、有限政府转变，从刚性、直接、单向、单一的粗放管理模式，向刚柔相济、间接管理、综合协同、智能精细的管理模式转变。“政社互动”综合运用新型管理方式，消除阻碍和影响政社关系的不利因素，增强市场的动力和社会的活力，推动行政管理模式的变革，从根本上提升政府的运转效能和群众的满意度。

（二）“政社互动”是行政管理体制改革和社会治理方式创新的必然要求

当前我们既处在发展机遇期，也处于矛盾突显期，各种社会问题多样多发，社会风险因素急剧增多，这是发展的阶段性特征在社会建设和社会治理领域的集中反映。在我国传统“全能政府”的治理模式难以满足社会发展需求的形势下，促进公众的广泛参与和社会组织的协同治理，成为公共行政改革的必然选项。特别是在当前加强创新社会治理背景下，公民通过组织化形式进行政治参与是公民参与有序发展的必然路径。“政社互动”模式进一步加强和创新社会治理，规范了政府行政行为，有助于推进基层民主建设，改进了群众工作，也加强了党的执政能力建设。

（三）“政社互动”是推进法治政府建设的着眼点和突破口

建设法治政府，就是要求政府行使权力时于法有据、行使有规，明确政府“什么该做，什么不该做”，要求其职能与经济社会发展的需要相适应。法治政府要求的政府角色必然是有限政府，如果政府是一种全能政府，就会扼杀社会发展的活力，同时也丧失至关重要的外部制约性力量，从而导致人治和专制，而不是我们所追求的法治。特别是在市场经济条件下，市场机制应成为配置社会资源的基础，政府的职能主要是经济调节、市场监管、社会治理、公共服务以及环境保护。这就要求正确处理政府与市场、政府与社会的关系。“法律是国家与社会相分离的产物”，唯有通过法治，政府的权力才会有清晰明确的界定，公民自由组织活动的权利才有可能得到足够的尊重和保障。同时，社会自治和民主参与活动又进一步增强政府行为的合法性。促进社会建设的发展和进步，是加快建设法治政府的核心动力和重要环节。法治政府的深入推进又有赖于社会建设的完善，“政社互动”的运作模式把政府与基层法治实践两个方面连接到了一起。对政府公权力的约束为基层民主管理腾出了空间，促进了基层自治能力的提升，为更加有效地监督政府创造了条件，两者相互促进，为提升法治政府建设水平构筑了一个更高、更广阔的平台。

（四）“政社互动”是构建多方参与、和谐共治的社会治理体制的必然要求

党的十九届四中全会强调“要加快形成党委领导、政府负责、民主协商、社会协同、公众参与、法治保障、科技支撑的社会治理体系”，实际上已经明确了多元共治的理念。法治政府建设应积极回应当前公共行政治理模式的发展趋势，构建以民主行政、参与行政、合作行政为特点的多元治理结构，推动政府依法行政与社会自治管理的有效衔接和良性互动。随着当今公共管理民主化、社会化的发展趋势，政府与社会之间的关系不再是一种领导和被领导、指挥和被指挥的关系，而是一种平等合作、和谐共

治的关系。这就要求在行政立法、行政决策、行政执法、行政监督、行政救济的各个层面和环节，都要有行政相对人、利害关系人及相关的社会组织、专家学者参与其中，发表意见和看法。行政机关应当充分听取他们的意见，与他们讨论、协商，在此基础上最后做出决定。行政机关没有经过合作程序或违反合作协议的，其决定无效或承担相应的责任。从社会角度来看，就要求基层自治组织和社会组织公开、透明，接受公众和政府的监督，不断加强社会组织能力建设，在保证其独立性、自主性的基础上，进一步增强其对自治制度、自我管理制度的执行能力，加强协助政府开展服务和为群众提供公共产品的服务能力。发挥基层自治组织、社会组织在连接纽带、倾听民意、反映群众诉求方面的积极作用，搭建载体、畅通渠道，提升代言能力，切实为基层群众多办好事、多办实事。

四、实施“政社互动”的方法与路径

“政社互动”的实践，归根结底就是用法治思维和法治方式推动社会治理体系和治理能力的现代化，推进全面深化改革工作。法治思维和法治方式保证了政社互动工作在推进依法行政、建设法治政府中的积极作用。

（一）基层归位、社会补位，切实转变政府职能

转变政府职能是加强建设法治政府、促进社会自治的前提，而政府依法行政、社会自治能力的增强也有助于深入推动政府职能的转变。政府必须改变“大包大揽”的做法，只有把不该管、管不了也管不好的事项转移出去，实现政社协同治理，社会自治才有可能实现。开展“政社互动”，就是要实现政府职能的“归位”和“补位”。转变政府职能，“政社互动”一靠向基层社区依法“下放”，二靠向社会组织依法“转移”，使政府有更多的精力管理应该管理的事，让社区组织和社会组织的动力和活力得到最大的释放。对此，“政社互动”模式提出了“逐步实现城乡社区的社会服务和公共服务以基层群众自治组织实行自治管理为主”和“逐步实现微观经济活动以各类行业协会、商会实行自律管理为主”的要求，凡属基层群众自治组织依法履行职责的事项，要放手让基层群众自治组织自主管理。同时将政府行政管理中的事务性、辅助性、公益性工作逐步转移、授权、委托或者外包给基层群众自治组织、社会组织承担。政府工作部门要按照改革发展要求积极转变职能，进一步将行政管理权力下放给下级部门，实施扁平化管理。

当然，政府决定转移哪些职能、什么时候转、如何去转，必须充分考虑基层自治组织和社会组织的承接能力。即使转出去了还应做好后续指导、引导和监督工作，绝不能一转了之，特别是兜底和保障的职能是政府不能也无法转移的。因此，应当做好

行政审批事项取消、下放、转移等工作，积极推动社会组织进行有效衔接，避免管理脱节。职能事项转移给社会组织实施，应确保相应的社会组织能够承接，并做到事后有效监管和评估。拟转移的职能应有明确的操作指引、运行流程、裁量标准、执行细则。职能转移要经过有关规定程序和签订协议，应明确双方权责，确定公共服务应达到的水平，制定绩效评估方式与标准，明确违反相关制度、标准的制约手段及退出机制。当然，基层群众自治组织、社会组织也要提升承接公共服务的能力，做好政府职能转移的对接准备工作，确保职能转移时能够接得住、管得好。

（二）清理源头、清单管理，严格规范权力边界

“权力梳理”解决的是“政社分离”问题，它有助于明晰政府和基层群众自治组织权责边界，也是开展“政社互动”工作的关键所在。“政社互动”工作中，政府工作部门要梳理出可逐步下放的权力清单，对基层群众自治组织协助政府办理的具体细化事项进行依法清理，防止任意增加基层的工作事项。各级政府要加强对规范性文件的备案审查工作，从源头上防止随意增设基层自治组织义务或限制其权力等违法文件的产生。“两份清单”是指对外公布的《基层群众自治组织依法履行职责事项》和《依法协助政府工作事项》两份清单，为厘清基层群众自治组织的“自治权利”和“协助义务”这两类基层极易混淆的工作事项提供了法律依据，做到自治有法可依、协助依法进行。当然，这也为防止政府任意增加基层自治组织协助义务、违法干预自治权利划出了红线。同时，为进一步推进政府与社会组织的良性互动，也要求各地梳理并制定出当地“社会组织能够承接政府转移职能事项”和“能够承接政府转移职能的社会组织”两份清单，为促进社会组织承接政府职能、促进社会组织发展提供了创新思路和路径。

（三）平等互信、契约管理，变传统“行政责任书”为“协助管理协议书”

实行契约化管理、废止与基层群众自治组织签订的行政责任书，改为协助管理协议书，是开展“政社互动”工作的突破口。它主要处理“三个关系”：一是正确处理基层政府与自治组织的关系。传统行政责任书含有行政隶属关系，委托协议书坚持社会主体平等的原则，体现了相互间的尊重和互动。二是正确处理自治组织履行法定职责与协助政府管理的关系。凡属法定义务，自治组织依法履行；凡依法需自治组织协助管理事项，政府实行“支付协助”。三是正确处理村（居）民民主管理与村（居）委干部自行管理的关系。以前行政责任书是村居干部一签了之，群众只知结果不知过程。协助管理协议书需经村（居）民代表会议表决通过，从机制上防止了“村民自治”演变为“村官自治”；政府管理委托制的施行，为推进法治政府建设、基层民主建设和创新社会治理开辟了一条智慧通道。

“政社互动”契约化管理模式主要体现在“委托协议”和“项目协议”两种协议上。“委托协议”是针对依法协助政府工作事项而言的，它要求乡镇（街道）与基层群众自治组织协商签订一揽子协议书，明确工作要求、目标任务和经费支付方式；“项目协议”是针对法定职责之外需要基层群众自治组织、社会组织协助政府办理的行政服务和公共服务事项而言的，通过公开招标、项目发包、项目申请、委托管理等方式，由政府购买基层群众自治组织和社会组织服务，签订项目协议书，并按照“费随事转”原则落实项目经费。两类协议都属于政府与其他组织签署的行政合同，需要依法规范，纳入法治化的轨道。对此，“政社互动”工作要求各地职能部门按照公开、公平和择优原则，综合运用公开招标、邀请招标、竞争性谈判、单一来源采购等方式确定承接单位。职能部门与承接单位应签订购买服务协议，确定职能事项的执行标准、实施要求、监督评估方式等内容。

（四）信息公开、敞开渠道，实现政社信息互通互联

加强政务公开和村（居）务公开，建立社会组织信息披露机制，实现政府、群众自治组织和社会组织三者间的信息互通互联是开展“政社互动”的必要条件。这就要求各级政府及其部门进一步规范和推进政府信息公开工作，扩大公开范围，细化公开内容，提高公开的质量和实效；进一步深入推进行政权力公开、透明运行，为“政社互动”创造信息条件和沟通平台。同时，基层群众自治组织、社会组织应依法公开自治事务以及其他与社会治理、公共服务相关的信息。此外，还要进一步畅通沟通互动渠道，通过听证会、恳谈会、协调会、评议会、网络问政、社区信息平台等多种形式和载体，建立健全情况通报、听取意见、监督反馈、日常联系、双向评估等机制。加强社区信息平台建设，建立以居民信息为基础、以社区为终端、以区县为纽带、以设区市为中心的市域范围内社区管理信息平台，实现各级政府、相关部门社区基础信息的共享和协同服务。

（五）改革体制、创新方式，建立新型行政法律关系

以“政社互动”为载体，进一步深化“放管服”改革，深入推进行政审批制度改革，依法促进行政体制机制创新。同时集中行政许可权，推动政府管理由用前审批更多地转为用后动态监管，促进行政权力的下放和执法力量的下沉，推进相对集中行政处罚权向建制镇延伸。在基层开展综合执法工作，充分发挥基层政府就近管理、便民服务的优势，切实缓解基层社会治理和公共服务的压力。运用行政指导、行政合同、行政资助（奖励）、行政信息服务、行政调解等新型行政管理方式，支持、帮助基层群众自治组织和社会组织更好地依法参与社会治理、化解社会矛盾。对基层群众自治组织

和社会组织开展事务、各项清单梳理、委托管理、协议签订等方面进行指导，拓展延伸行政权力网上公开透明运行工作，使政务服务向基层延伸。积极探索政社双向评估模式，政府的履约情况要接受基层群众自治组织和社会组织的评价，政府部门的管理、服务效果要接受公众的满意度调查，评价和调查结果要公开，并与责任部门和责任人绩效考核挂钩。将原先政府对基层群众自治组织的单向考核变为双向评估，既评估基层群众自治组织依法履职情况，又评估政府部门依法行政情况，做到两项评估有机结合、相互促进。在这个过程中，逐步建立起社会组织参与和接受政府、社会评估的机制。

（六）民主参与、过程协助，实现政社有效协同

从基层经济、政治、文化、社会生活等方面促进人民群众积极有序参与公共事务管理，是开展“政社互动”工作的基础，也是“政社互动”不断深化发展的源动力。这种“参与机制”强调政府与公众在参与过程中的互动性和协同性，也是“政社互动”的题中应有之义。其核心价值在于使政府与民众的关系得到持续良性发展，实现政府与社会之间理念通贯、情感通达、治理通力。因此，“政社互动”的理念要求各级政府及其部门积极运用行政指导、行政合同、行政资助（奖励）等新型行政管理方式，特别是在基层群众自治组织和社会组织开展事务、各项清单梳理、委托管理、购买协议的签订等方面加强行政指导，并对政府与社会组织的互动形式予以具体化，积极运用公开招标、项目发包、行政合同等方式将事务性、辅助性、公益性职能转移给社会组织承担。同时要求基层自治组织积极引导和组织人民群众包括外来人员参与公共事务管理，制定并健全公众参与重大行政决策的规则和程序，提高行政决策的透明度和公众参与度；并注重在行政决策的过程中广泛征求基层群众自治组织、社会组织和公众的意见，真正做到倾听民意、集中民智，使决策符合经济社会发展的要求、满足群众需求，保证决策的顺利实施。此外，还要求政府主动接纳公众参与、接受公众监督。

“政社互动”在执法过程中体现的是互动式执法，就是要求行政执法全过程体现平等、民主、参与、沟通和协商的原则。这体现在信息公开、表明身份、陈述意见、说明理由、告示告知、沟通协商、听证恳谈、双向评估等一系列的制度设置上。比如坚持将“说理”贯彻行政执法全过程，通过说理释法强化说理论证，使行政执法决定建立在执法过程的充分沟通、协商基础上。大力推行“说理式”行政处罚决定书，在行政处罚决定书中对事实进行详细描述，并运用证据加以证明，引用法条的同时阐明适用法律的理由，从而将简单粗略的格式法律文书变为叙事、说法、论理相统一的“说理式”法律文书。另外，以互动式执法推进实施行政执法中的政社协同机制，完善行政执法中当事人配合协助机制，特别是充分发挥基层自治组织和社会组织在专业咨询、调查取证、技术鉴定、强制执行等环节的协助作用，鼓励和促进基层自治组织和社会

组织在危害安全生产、食品药品安全、自然资源和环境保护等重点执法领域的配合协助和协同治理。

（七）关口前移、保障权利，拓宽社会矛盾化解渠道

发挥基层群众自治组织和社会组织的社会治理的“减压器”、社会稳定的“黏合器”、社会矛盾的“稀释器”功能，建立健全公众参与的利益协调、诉求表达、权益保障、社会舆情综合分析、矛盾排查化解等工作机制。从群众最关心、最直接、最现实的利益问题入手，充分发挥群团组织、基层群众自治组织、社会组织等在化解基层矛盾中的独特作用。积极完善大调解工作机制，实现行政调解和社会调解（社区调解、群团调解、行业调解、社团调解等的总称）的有机衔接和良性互动，引导群众以理性合法的方式表达利益诉求。完善社会稳定风险评估机制，从源头上预防和减少社会不稳定因素。特别要做好新时期利益冲突较多领域的矛盾化解工作，回应合理诉求，加强教育疏导，做到预防走在调解前、调解走在激化前，努力把社会矛盾化解在基层，化解在萌芽状态。

五、新时期“政社互动”的深化发展

（一）把握新形势下“政社互动”的新要求

1. 准确把握推进国家治理体系和治理能力现代化的新要求

党的十八大以来，党中央确立了全面深化改革的目标任务。党的十九大进一步指出，必须坚持和完善中国特色社会主义制度，不断推进国家治理体系和治理能力现代化。党的十九届四中全会进一步明确了“坚持和完善共建共治共享的社会治理制度”“建设人人有责、人人尽责、人人享有的社会治理共同体”等改革任务，形成了从国家治理、社会治理到社区治理一体贯通、一脉相承的治理体系。准确把握推进国家治理体系和治理能力现代化的新要求，必须坚持系统治理、依法治理、综合治理、源头治理，深入推进“政社互动”，创新社会治理。同时以扩大有序参与、推进信息公开、加强议事协商、强化权力监督为重点，拓宽范围和途径，丰富内容和形式，推动实现政府治理和社会自我调节、居民自治良性互动，实现社会治理体系和治理能力现代化。

2. 准确把握建设中国特色社会主义法治体系和社会主义法治国家的新要求

全面推进依法治国的最终目标是建设中国特色社会主义法治体系，建设社会主义法治国家。党的十九大报告指出，坚持党的领导、人民当家做主、依法治国有机统一，

三者统一于我国社会主义民主政治的伟大实践。必须坚持走中国特色社会主义发展道路，发展社会主义协商民主，健全民主制度，丰富民主形式，拓展民主渠道，将保障人民当家做主落实到国家政治生活和社会生活之中。党的十九届四中全会进一步明确提出了“坚持和完善人民当家做主制度体系，发展社会主义民主政治”的要求，提出“健全基层党组织领导的基层群众自治机制，在城乡社区治理、基层公共事务和公益事业中广泛实行群众自我管理、自我服务、自我教育、自我监督，拓宽人民群众反映意见和建议的渠道，着力推进基层直接民主制度化、规范化、程序化”。坚持和完善基层群众自治制度，是社会主义政治制度的重要内容，也是社会主义法治体系的重要内容。必须准确把握建设中国特色社会主义法治体系和社会主义法治国家的新要求，丰富和发展“政社互动”的内涵，创新社会治理，健全基层党组织领导的充满活力的基层群众自治机制，发挥居民公约、村规民约在社区治理中的积极作用，推动实现居民群众依法自我管理、自我教育、自我服务、自我监督，实现社区多层次、多领域依法治理。

3. **准确把握实现“两个一百年”奋斗目标和实现中华民族伟大复兴的中国梦的新要求**

习近平总书记指出：“加强和创新社会治理，关键在体制创新，核心是人……社会治理的重心必须落到城乡社区……”深入推进“政社互动”、创新社会治理，将有利于健全人民当家做主制度体系，发展社会主义基层民主政治；将推动实现社区从传统管理向现代社区治理的转变，最大限度增加和谐因素；将提高社区治理水平，把城乡社区全面建成管理有序、服务完善、文明祥和的社会生活共同体，确保人民安居乐业、社会安定有序，为实现“两个一百年”奋斗目标和实现中华民族伟大复兴的中国梦夯实基层基础。

六、新形势下加强“政社互动”工作的指导理念

概括地说，新形势下加强“政社互动”工作要强化以下四个意识：

（一）强化改革意识

在推进“政社互动”实践过程中也遇到一些阻力，有人认为推行“政社互动”会削弱基层政府的权力，导致基层工作难以开展；有些部门难以割舍本就属于为公众服务的资源和利益，导致公共资源难以整合利用；有的地方因为财力因素，一时拿不出资金开展购买服务，推行“政社互动”的动力不足。这些思想和观念与改革创新的精神要求不相适应。习近平总书记指出：“惟创新者进，惟创新者强，惟创新者胜。”

面对新形势、新任务，要不断提高创新思维能力，善于知难而进、迎难而上、开拓创新。有敢为人先的勇气，以踏石留印、抓铁有痕的作风，深入推进“政社互动”和社区治理创新，积极推进“街道中心制”改革，推动大中城市城区街道去“经济化”、社区去“行政化”，聚焦自治和服务，努力形成符合本地实际的新模式、符合城市和农村不同特点的新样板，促进社会治理水平的全面提升。

（二）强化全局意识

推进“政社互动”、创新社会治理是一项全面、系统、基础性的社会治理创新工程，不只是哪一个单位、某一个部门的事情。要牢固树立全局意识和大局观念，围绕全面深化改革和全面推进依法治国总目标，按照“系统治理、依法治理、综合治理、源头治理”的工作方针，综合施策，科学推进。建立和完善党委领导、政府负责、社会协同、公众参与、法治保障的社区治理体制和运行机制，确保各项工作顺利进行。克服重经济建设、轻社会治理的倾向，树立经济社会协调发展的理念，努力补齐社会治理“短板”，切实打牢基层基础，确保社会和谐稳定。

（三）强化责任意识

“政社互动”的落脚点在基层，各级各部门都要做到守土有责、守土负责、守土尽责。县（市、区）主要负责人要履行第一责任人的职责，乡镇、街道主要负责人要履行直接责任人的职责。要建立分工协作机制，党委组织部门负责抓总、引领，不断强化推进“政社互动”、创新社会治理的组织基础。民政部门负责牵头、指导和协调，积极推动创新实践。发展改革和税务、市场监管等部门要结合各自职能，通过建立项目机制、减免税收、简化工商登记程序等，扶持公益性、服务性、互助性的社区社会组织和面向社区提供公共服务的各类社会组织加快发展。财政部门负责在资金上提供有力保障，通过公益创投、设立项目资金、补贴活动经费等方式，引导社区社会组织向居民群众提供急需、多样的服务项目。人力资源和社会保障部门负责提供人才支撑，不断提升社区服务管理的专业化水平。依托社区开展公共服务管理的其他部门和社会团体都要强化责任意识，积极发挥应有的职能作用。

（四）强化群众意识

一切社会治理工作都是为群众谋利益的工作。社区治理主要是对人的服务和管理，说到底就是做群众工作、为群众服务。群众是社区治理的主体，也是社会治理创新的重要力量。要紧紧依靠群众、发动群众，把群众关心的热点、难点问题作为社区治理创新的工作重点，把群众的广泛参与作为推动社区治理创新的力量源泉，把群众是否满意作为评判社区治理创新成果的重要依据。坚持一切发展为了人民，坚持群众观点和群众路线，把群众工作渗透到方方面面，让居民群众切实感受到推进“政社互动”、创新社会治理带来的好处和实惠，推动各项工作取得实实在在的成效。

七、新形势下“政社互动”的重点环节

（一）以推进“政社互动”为重点，着力推动社区依法治理工作

新形势下推进“政社互动”的核心，一方面要推动政府切实转变职能，实行依法行政，尤其是乡镇和街道基层政府；另一方面要强化基层群众自治组织的自治功能，实行依法履职，不断增强自治活力。要积极推动行政管理体制改革，从政府自身改起，从转变职能抓起，从街道、乡镇做起，厘清权责边界。进一步发展基层民主，提升自治能力，建立健全居民、村民监督机制，促进群众在社区治理、基层公共事务中依法自我管理、自我服务、自我教育、自我监督。坚持把“基层政府转职能、自治组织增活力、社区治理显成效、居民群众得实惠”作为衡量标准，健全以群众满意为导向的双向评估机制，实现政府依法治理、社会自我调节、居民依法自治的良性互动。

（二）以优化治理结构为重点，着力完善社区多元治理体制

社会治理的基础和重心在基层，社区服务管理能力越强，社会治理的基础就越实。要改进社区治理方式，把重心放在基层一线，管住、管好该管的事，真正做到既不“越位”，也不“缺位”。要促进社会多元主体参与，健全以社区党组织为核心、基层自治组织为主导、居民群众为主体、社区社会组织和驻区单位共同参与的社区治理体制机制，推动形成和谐善治的社区治理结构。要构建条块结合、优势互补、资源整合的城乡基层区域化党建新格局，更好地发挥城乡基层党组织在社区治理中的领导核心作用。完善基层群众自治机制，健全民主议事决策制度，更好地发挥自治组织和居民群众在社区治理中的主体作用。大力培育社区社会组织，推动共驻共建、共建共享，更好地发挥社会力量和驻区单位在社区治理中的协同作用。同时，还要鼓励和支持各类市场主体提供社区服务，更好地发挥市场主体在社区治理中的重要作用。

（三）以健全社区服务体系为重点，着力改进公共服务方式

要积极推进基本公共服务均等化，大力加强城乡社区基础设施规划和建设，整合利用各类服务资源，构建功能互补、资源共享、持续完善、全面覆盖的城乡社区服务体系，尽可能把资源、服务、管理放到基层，使基层有职、有权、有物，更好地为群

众提供精准高效的服务和管理。加大社区公共产品供给力度，推进社区公共服务供给方式多元化，把政府的作用与市场和社会的力量结合起来，更好地发挥市场和社会的作用，切实增强多主体、多层次、多领域的供给能力。加大政府购买公共服务力度，引导社区自治组织和社会组织参与，增强社区社会组织的承接功能，推动政府转移职能与社会组织服务有效对接。不断拓展服务领域，促进社区公共服务、便民利民服务、志愿互助服务以及社会商业服务共同发展，打造设施智能、服务便捷、管理精细、环境宜居的“智慧社区”，更好满足居民群众多样化生产、生活需求。

（四）以开展基层协商民主为重点，着力增强城乡社区自治活力

习近平总书记指出，在社会主义制度下，有事好商量，众人的事情由众人商量，找到全社会意愿和要求的最大公约数，是人民民主的真谛。这一重要论述为推进基层协商民主指明了方向。基层协商民主的核心在于“真协商”。唯有按照协商于民、协商为民的要求，大力发展基层协商民主，凡是涉及群众切身利益的决策都要同群众协商，充分听取群众意见，才能保证人民群众依法管理好自己的事情。在实现途径上，要深化民主选举、民主决策、民主管理、民主监督“四个民主”，探索优化基层协商民主的主体、内容、形式、程序，完善社区议事会、民情恳谈会以及社区听证、社区论坛、社区评议、社区议事园等协商载体，广泛开展意见征询、平等对话、沟通协商、规劝疏导等协商活动，进一步拓宽社区媒体、互联网络、移动设备等多种协商渠道，积极推进基层协商民主的广泛性、多层性、制度化，充分激发城乡社区自治活力。

（五）以社区“减负增效”为重点，着力提升社区综合服务效能

目前，社区负担过重已成为基层群众反映强烈的突出问题。要切实转变工作作风·，按照“精简、规范、便民、高效”的原则，完善社区事务准入制度，严格审批程序。要对“基层群众自治组织依法履行职责事项”和“基层群众自治组织依法协助政府工作事项”进行梳理，今后凡未经批准的、不属于基层群众自治组织依法履职范围内的事项，一律不得进入社区；经批准确需进入社区的事项，一律不得要求设立专门场所、配备专职人员；需要经费投入的事项，必须明确其来源渠道。全面清理和精简面向社区的组织机构、工作任务、评比表彰、示范创建、工作台账，建立社区事务目录，除原始工作记录、履职履约协议等确需建立的纸质台账外，其他纸质台账一律取消，并实行台账电子化。开展综合性的和谐（平安、文明）社区创建活动，切实为社区“瘦身”减负。坚持依法行政，决不摊派政府职责范围内的行政性事务，主动为社区“松绑”。积极推进社区“扁平化”管理和“网格化”服务，最大限度整合社区内外的人力、物力、财力和政策资源，推动公共资源向社区下沉，强化服务管理责任，全面增强社区综合服务效能。

（六）以强化社区文化认同为重点，着力增进社区凝聚力

一个国家、一个民族的强盛，总是以文化软实力为支撑的。人类社会发展的历史表明，对一个民族、一个国家来说，最持久、最深层的力量是全社会共同认可的核心价值观。一个社区的和谐同样需要涵养社区公共文化，培育和塑造社区精神。要把践行社会主义核心价值观作为社区治理的重要内容，融入制度建设和治理工作中，形成科学有效的诉求表达机制、利益协调机制、矛盾调处机制、权益保障机制，涵养社区风尚和公共价值，增强价值层面的社区归属感和认同感，最大限度地增进社区和谐。要完善社区公约、村规民约，构建自律、他律和互律结合机制，在日常社区治理中彰显社会主流价值观，提高社区居民道德素质，实现家庭和谐幸福、邻里团结互助、人际关系融洽。建立健全社区志愿服务制度，完善激励机制和政策法规保障机制，组织开展各类形式的志愿服务活动，形成诚信友爱、礼让宽容、平等尊重、守望相助的社区氛围。

八、“政社互动”的未来发展

（一）树立“协商协作协调协同”理念，按照全面深化改革的要求推进“政社互动”工作

发展要有新突破，就必须转变传统观念、勇于深入推进各项改革。应该说“政社互动”工作立意起点高、前瞻性强，涵盖了社会建设中最重要的主体——基层政府和群众自治组织以及社会组织。下一步“政社互动”工作应紧密围绕全面深化改革和全面推进依法治国要求，重点在四个方面下功夫：一是协商，就是推进协商民主。协商民主是社会主义民主的本质属性，应在政府决策、执行、监督全过程引入社会协商机制。要在党的领导下，以经济社会发展重大问题和涉及群众切身利益的实际问题为内容，在全社会开展广泛协商，坚持协商于决策之前和决策实施之中。二是协作，就是推进政府管理与社会自治的互助合作，运用行政合同、行政指导、行政奖励、行政资助等新型行政管理方式推动政府转变职能，推进“政社互动”。推广政府购买服务，凡属事务性管理服务，原则上都要引入竞争机制，通过合同、委托等方式向社会购买。三是协调，就是积极化解政社矛盾，推进社会治理创新。改进社会治理方式，激发社会组织活力，有效预防和化解社会矛盾。四是协同，就是各类基层组织实现协同发展。进一步促进社会组织健康发展，加快实施政社分开，推进社会组织明确权责、依法自治、发挥作用。

（二）加快政府自身改革，强化行政权力的压缩和加大转移力度

推进治理体系和治理能力建设的核心是深入推进政府自身改革，在体制机制上有所突破，在促进社会治理上有所创新，努力破解经济转型升级和率先基本实现现代化的阻力。推进政府改革，关键是转变政府职能，建立“有限政府”，这也是推进“政社互动”工作的前提和基础。但实践中行政权力的压缩和转移力度还不够，需要我们进一步转变思想观念，创新政府履职方式，营造良好的政务环境，更加重视社会治理、法治政府和服务体系建设，努力夯实基层组织、壮大社会力量、整合社会资源、强化基础工作，健全新型社会治理和服务体制。

一是促进行政体制改革。进一步推进权力下放、重心下移、人力资源配置向基层倾斜，优化配备行政资源。坚持“编随事转”原则，下放给基层职能部门管理权限的都必须相应下移编制，使人权与事权相匹配、相统一。适当减少职能部门编制，把核减的编制向区、街道（镇）倾斜。进一步优化基层编制配置，结合街道（镇）所承担的社会治理和改革发展任务科学合理配置编制，将编制资源向社区倾斜。二是加快政府职能转变。经济社会发展的新形势要求政府职能的重新调整，充分发挥市场在资源配置中的决定性作用。要深化“放管服”改革，进一步推动行政审批制度改革，通过减少投资项目审批、减少生产经营活动审批事项、减少资质资格许可、减少行政事业性收费、加快推进工商登记制度改革等，从体制机制上最大限度地给各类市场主体、社会主体“松绑”，激发市场和社会活力。三是优化政府职能配置。实行大部门制，推动相对集中行使行政许可权、处罚权和复议权。通过畅通行政复议渠道、简化程序等方式，方便当事人提出申请，扩大行政复议受理范围。运用行政指导方式引导基层群众自治组织和社会组织承接政府转移出来的部分公共管理和服务职能，可以降低行政成本、提高行政效率。积极探索联合执法体制，切实解决职能交叉、取复执法、执法缺位等问题。四是健全监督引导机制。通过媒体监督、民众监督、党委监察部门监督等方式，对基层自治组织、社会组织的社会治理工作进行监督、引导。加快建立完善社会信用管理、实名登记、政务诚信、决策评估和纠错制度等基础性制度，使基层自治组织、社会组织能严格依照法定权限和程序履行职责，实现社会治理与服务的功能。

（三）创新政府社会治理方式，实现决策、执行、监督和救济全程互动

全面落实政务公开，推进行政权力网上公开、透明，推进电子政务与行政指导工作的有机衔接，变“信息供给”为“信息服务”，为公众和各级政府工作人员提供分门别类的政务信息服务，真正体现政府的人本意识和服务意识。

一是探索党委、政府重大决策的社会参与机制和专家论证机制，运用恳谈会、听证会、协调会、议事会等多种民主方式完善重大决策机制。建立健全行政程序中当事人参与机制，健全行政程序中公开、告知、告示、说明理由、听取申辩、听证等程序环节；探索行政程序中的社会协助机制，完善行政调查、证据收集以及行政监督检查中社会主体的配合协助机制；完善基层自治组织、社会团体、行业协会、媒体、公众等的社会监督机制。二是适应公共行政发展的新趋势，树立服务意识、平等观念，积极探索政府购买服务、辅助执法、行业行政指导、行政资助（奖励）等形式多样的合作方式，最大限度引导社会大众参与社会治理。探索柔性执法方式，坚持教育指导为先，全面推行全程说理式执法、行政监管劝勉、执法事项提示、轻微问题告诫、突出问题约谈、重大案件回访等柔性管理方式。尤其针对重大行政执法案件应建立沟通对话机制，执法过程中充分对话、交流与沟通，使行政决定建立在充分协商和最大程度的共识基础上。三是建立多元主体联动的纠纷化解机制，积极探索社区调解、行业调解、社团调解等社会调解方式。充分发挥执法监督、调解、复议、信访等多元纠纷解决机制的作用，将社会纠纷尽可能消解在行政过程中。

（四）健全立法，实现社会治理法治一体化

依法治国是坚持和发展中国特色社会主义的本质要求和重要保障，是实现国家治理体系和治理能力现代化的必然要求，事关共产党执政兴国，事关人民幸福安康，事关党和国家的长治久安。“有法可依”是深入推进社会建设的基础工程。运用法律手段协调社会关系、化解社会矛盾、规范社会行为，有利于在全社会形成尊重法律、崇尚法治、依法办事的良好氛围，为加强和创新社会治理奠定坚实的法治基础，从而更加有效地促进整个社会的和谐稳定、有序运行。目前，应加强以下领域的法制建设：

一是强化社会矛盾频发领域的立法。在社会矛盾频发的企业改制、征地拆迁、劳动争议、教育医疗、环境保护、安全生产、食品药品安全、知识产权、交通事故等领域，应建立预防、化解纠纷的机制，明确政府运用行政指导、行政合同、行政奖励等柔性方式行使行政管理职能。鼓励基层群众自治组织、社会组织以及民众参与此类社会建设，从源头上化解纠纷。二是加强社会组织发展的立法。为实现对社会组织的培育、支持、监督和管理，特别是培育和发展新兴产业类、公益慈善类社会组织，支持和引导社会组织参与社会建设和管理，应尽快出台关于加快推进社会组织培育发展的政策，出台社会组织专职工作人员权益保障办法，构建社会组织专职工作队伍职业化、专业化管理制度。建立健全社会组织的培育、支持、监督管理和功能发挥机制，尤其要侧重培育和发展行业协会商会类、科技类、公益慈善类、城乡社区服务类社会组织，制定支持和引导社会组织参与社会建设和社会治理的规范。建立健全统一登记、各司其职、

协调配合、分级负责、依法监管的社会组织管理体制，加快形成政社分开、权责明确、依法自治的现代社会组织体系。三是加强社区治理领域的立法。进一步加强基层社区自治领域立法，建立完善基层社区民主议事规则，健全多层次的民主参与和民主协商形式。建立相应机制促进社区工作队伍建设、城乡社区服务中心建设，完善基层社会组织的培育管理、基层社会的管理服务制度。同时通过立法保障社区内的特殊人群、弱势群体、流动人口的合法权益，关注流动人口的就业、户籍管理、子女教育问题，加强对社区矫正和归正人员、重点青少年的教育、帮助和管理。真正做到社会治理法治化，将社会治理纳入法治轨道。

第二节　基层数据共享治理创新模式

移动互联网、云计算和大数据的快速发展是当下社会最显著的特征。中国互联网络信息中心第 50 次报告显示，截至 2022 年 6 月，我国网民规模达 10.51 亿，互联网普及率为 74.4%。而据国家信息中心发布的《全球信息社会发展报告 2016》可知，全球信息社会指数为 0.5601，同比增长 2.1%；我国信息社会指数为 0.4523，同比增长 4.1%。此外，加麦肯锡全球研究院的报告指出，全球每年预计新增数据 40%。而国际数据资讯（IDC）的一项报告表明，2020 年全球数据总量达 40ZB（相当于 4 万亿 GB）。

互联网的普及和大数据时代的到来改变了政治、经济、文化和社会的方方面面，也为当代社会治理创新提供了新的机遇。一般来说，“互联网 +”背景下的社会治理可以分为两部分：一是对“互联网”的治理，即对互联网本身的治理；二是基于“互联网”的治理，即利用互联网实现的治理。而无论是对互联网的治理还是基于互联网的治理都和大数据密切相关，大数据是互联网发展的核心竞争力。大数据浪潮正在席卷全球，带来了数据与信息处理方式的根本性变革。

一、大数据的概念界定

“大数据”一词最早是由维克托・迈尔－舍恩伯格、肯尼斯・库克耶在《大数据时代：生活、工作与思维的大变革》一书中提出的一个全新概念，一般是指数据量在 10TB ～ 1PB（1TB=1024GB，1PB=1024TB）以上，数量级处于“太字节”（2^{40}）的超级巨大规模，并且是高速、实时的数据流。实际上，对大数据的定义，相关研究机构有着不同的界定。麦肯锡研究院认为，大数据是规模超出常规数据软件工具捕获、存储、管理和分析能力的数据集，其他学者如约翰・伯托特、郑磊、李振、鲍宗豪、陈振明等也下过类似结论。李传军、李怀阳指出，大数据是数据量、数据类型激增的现象。梁丽认为，大数据不仅包括海量数据状态，还包括数据处理技术、新的思维方式、新理念、新方法等。

总的来说，以上学者都是基于互联网和计算机科学视角对大数据进行阐述。此外，还有学者综合互联网、计算机以及社会科学视角，从概念内涵和外延上对大数据进行界定。于施洋、王建冬、童楠楠指出，一方面大数据是指海量数据，泛指大规模或超大规模的数据资源集合；另一方面，它还是一种新型的研究方法或发现新知识的分析技术、由数据驱动的新型决策机制以及数字时代下的新型治理模式。

二、大数据的特征

对于大数据的特征，业界、学界有“3V”（详见表 5-1）、“4V”及“4V + 1C”（详见表 5-2）等说法。2001，年道格拉斯・兰尼（Douglas Laney）提出广大数据的“3V”特征：Volume、 Velocity、Variety。

表5-1　大数据的“3V”特征

3V	特性	补充说明
Volume	海量化数据规模	
Velocity	高速化数据处理	
Variety	多样化数据类型	包括结构化数据、半结构化数据（HTML文档）和非结构化数据（视频、音频、图片、位置信息等）

表5-2　大数据的“4V+1C”特征

4V+IC	特性	补充说明
Volume	海量化数据规模	
Velocity	高速化数据处理	
Variety	多样化数据类型	包括结构化数据、半结构化数据（HTML文档）和非结构化数据（视频、音频、图片、位置信息等）
Value	低密度数据价值	数据具有高价值，但这些数据更多地表现出稀缺性、不确定性和多样性
Complexity	复杂化数据处理	数据处理的复杂性增强

也有学者认为大数据还具有可视化（Visualization）等特征。在这些说法中，最常见且被学界接受最广的是“4V”特点，即 Volume、Velocity、Variety 和 Value。其中

Volume 是大数据的整体特点，Velocity 是大数据的过程性特点，Variety 是大数据的具象性特点，Value 是大数据的时代性特点。而随着大数据的不断发展与成熟，我们相信大数据的特性也会继续变化和发展。

三、大数据时代的社会治理

（一）大数据的发展

随着大数据的普遍盛行与深入发展，许多国家对“大数据”的建设和发展上升到国家层面。2006 年 3 月英国启动“数据权”运动。2009 年，美联邦政府发布《开放政府指令》，作为大数据前奏推出了“Data.gov”公共数据开放网站；2012 年 3 月，美国联邦政府发布《大数据研究和发展倡议》，正式启动“大数据发展计划”，宣布投入超过 2 亿美元在大数据研究上；同年 5 月，美国联邦政府发布“数字政府战略”，致力于为公众提供更好的数字化服务，围绕数据采取的一系列措施在美国全面推行，大数据对美国政府的影响逐步显现。2012 年 5 月，英国政府宣布成立世界首个开放数据研究所，旨在从开放数据中寻找产品创新、创业机遇和经济增长点。2012 年 5 月，联合国推出“数据脉动”计划。2014 年 2 月，党的十八届三中全会公报提出“推进国家治理体系和治理能力现代化”。2015 年 8 月，国务院印发《促进大数据发展行动纲要》，将数据定性为国家基础性战略资源。

（二）大数据时代我国社会治理的特征

1. 社会治理主体发生改变

社会治理的主体从单一转向多元。在传统的社会治理中，政府是最权威、最主要的治理主体；而在大数据时代，信息自由地流动和共享，使得单一治理主体的权威性受到质疑，政府职能由此发生转变，开始形成以政府为主导，企业、社会组织与公众等各方面协同治理的新局面。

2. 社会治理理念发生改变

大数据改变了人们的思维方式、认知方式和思想观念。在此时代背景下，社会治理理念也随之发生变化，最大的转变便是相关关系优于因果关系，让“数据自己发声”。此外，开放的意识、包容的心态、科学的态度、深入的分析等均是大数据时代社会治理理念的代表性特征。

3. 社会治理模式发生改变

社会治理模式的改变主要表现在以下四个方面：

一是科学决策能力提高。耶鲁大学教授丹尼尔·埃斯蒂曾说过，“基于数据驱动的决策方法，政府将更加有效率、更加开放、更加负责，引导政府前进的将是‘基于实证的事实，而不是意识形态’，也不是利益集团在政府决策过程中施加的影响”。传统的社会治理仅仅依靠直觉和经验做出社会决策；而在大数据时代，绝大部分的决策行为都基于数据分析做出。大数据给科学决策提供了机遇，海量的信息资源、事件的关联性、坚实的社会基础等为实现决策的公平性、预见性和响应性奠定了基础，提高了决策的民主化和科学化水平。如清华大学的“City Care”项目，通过移动端收集市民对社区的意见、建议，进一步推动社区管理部门改善政策决策；再如北京城管局搭建的交通服务系统，整合了市民车载 GPS 和车载视频、无线数字集群城市、工地噪音感知、道路视频监控探头、执法城管交通信息系统等互联网信息感知资源，从而智能汇聚城市交通信息大数据，为交管决策和任务执行提供参考依据。

二是公共服务能力提高。大数据的特性助推社会治理主体从“管理型”向“服务型”转变，相应地，社会的公共服务水平得到了提升。一方面，大数据使社会服务从封闭低效型转向协同高效型，数据的开放与共享是实现基础；另一方面，大数据使公共服务更加精细化、个性化、人性化。如在医疗卫生行业，相关部门可以多渠道获取个人健康信息，关联医疗数据与行为数据，形成综合健康状况评估模式，提供精细化医疗服务。又如上海公共信用信息服务平台利用整合思维实现跨部门、跨领域、跨主体结合，对全市 50 家行政机关、1 家司法机关、7 家公用事业单位和 9 家社会组织的数据资源进行整合，形成了全国覆盖信息主体最多、提供数据单位最多的公共征信系统，涉及信息事项 1248 项，政府可以利用该平台解决公共治理难题。比如说一家食品企业使用地沟油被查处，这一信息可通过公共信用信息服务平台构成企业诚信记录的一部分；掌握一定量的信息后，网络还可据此对企业诚信进行评级。此外，公共服务的质量也因为大数据得到了有效保障，公民通过追踪公共服务过程确保质量，社会治理主体通过大数据分析改善服务、提高公众满意度。

三是社会监管能力提高。社会监管能力的提高得益于信息资源的丰富性以及易获取性。一方面，社会治理主体通过人口数据对基层社会进行有效管理、动态监控。如北京市东城区开展的精细化网格管理工作把社区分割成若干个网格状单元，然后借助网络搜集社意民情、矛盾纠纷、安全隐患等信息，实现信息资源的共享和社会管理的现代化。另一方面，公民通过参政议政对社会治理主体的权力进行监督，有效防止贪污腐败的发生。

四是风险防治能力提高。风险和危机成为时下社会不容忽视的存在，大数据技术为风险防治和危机应对提供了丰富的治理资源。一方面，大数据可以监测生态环境，分析历史资料及数据，从而有效防范并减少疾病传播、地震、海啸等传统环境灾害风险；另一方面，大数据可以探测出社会事件的萌芽状态，从而采取有效措施应对或化解网络群体性事件、恐怖袭击等非传统风险。

（三）大数据时代我国社会治理的主要挑战

大数据时代的到来为国家治理能力建设带来了契机，但同时也增添了隐患，主要表现在以下几个方面：

1. 社会治理复杂化

庞杂的数据增加了社会治理的复杂程度。一方面，半结构、非结构化数据降低了治理效率。大数据时代，各种数据类型不断涌现，为社会治理提供根基，但这些数据中 80% 以上属于非结构化数据。结构化数据是按特定格式进行整理的，便于社会治理主体储存管理；而非结构化数据的形式多样，包括视频文件、多媒体数据等，导致数据格式存在兼容问题，给数据整合、管理、分析带来阻碍，令其无法被有效管理和应用。另一方面，低密度的数据价值也增加了社会治理过程中对各类数据进行分析、研判的难度。虽然大数据规模庞大、种类繁多，但其中有许多无效甚至虚假的信息，社会治理主体在数据分析和甄别过程中面临不确定性风险。

2. 大数据意识不强

我国数据资源丰富，统计显示，截至 2016 年 6 月，我国网民规模达 7.10 亿，互联网普及率为 51.7%，其中手机网民占 92.5%，远远高于全球平均水平。然而由于我国长期缺乏数据文化，收集数据、分析数据和使用数据的意识淡薄，2006 年卫生部（现为卫健委）制定了第一套最小标准数据集，2006 年国家统计局正式成立了社情民意调查中心，2010 年起物联网技术开始在铁道部、交通运输部得到应用，数据发展起步较晚。目前，我国数据发展依然落后于发达国家，这说明我们缺乏的不是可供收集的数据，也不是收集数据的手段，而是收集数据的意识。以上是基于国家、社会层面的分析，而从个人层面上来说，公众对大数据的认识、管理和应用仍不够深刻，某些城市已经开放了部分数据，但鲜少有人问津，企业和社会亟待了解大数据的重要意义和价值。

3. 缺乏大数据技术和人才

数据获取、数据挖掘、数据预测、数据整合、数据存储、数据监督以及数据平台建设等对大数据技术和大数据人才提出了更高的要求。然而，现在我国大数据处理技术的提升远不及大数据的发展速度，具体来说，我国大数据技术存在以下三方面不足：一是缺乏大数据分析能力；二是缺乏根据大数据形成的由社会治理需求转化的有效社会治理、社会服务能力；三是缺乏通过大数据分析预测和判断未来中国及各地区社会治理特征和趋势的能力。值得注意的是，这些能力又和相关人才的培养与支撑紧密关联。目前，我国从事数据分析工作的以网络信息人才为主，虽熟谙软硬件管理和信息变化，却不精于对大数据的挖掘和整理。专业化和高效化的数据处理技术、高水平与高素养的数据处理人才是大数据时代社会治理转型不可或缺的存在。

4. 存在信息安全问题

信息安全包括国家安全和个人隐私安全。2013 年，美国的“棱镜门”事件将信息安全问题暴露在全世界面前，引起了广泛关注。大数据使国家治理机构更容易遭受网络黑客的恶意攻击，从而危害国家安全。西方国家持续通过恶意代码、垃圾信息和网络攻击等途径危害我国的信息安全。同时个人隐私安全也面临更大的挑战。互联网和智能终端的快速发展使个人行为被高度数字化，云盘等资源共享平台的普及使敏感数据的所有权和使用权不能明确界定，这些均增加了个人隐私泄露的风险。

5. 存在信息孤岛问题

信息孤岛是指信息系统之间功能不能关联互助、信息不共享以及信息与业务、应用相脱节的计算机应用系统。造成信息孤岛的原因有三个：一是我国政府实行垂直化管理，各部门之间条块分割，且上下级关系明确，这种体制壁垒降低了数据传递效率；二是各部门、单位的信息系统和数据资源在构建及运行过程中缺乏统一的规划和标准；三是一些地方政府机构尚缺数据共享理念，缺乏足够的数据更新和共享动力。为了提升电子政务发展水平，我国实施了“十二金”工程，但信息孤岛仍是我国政府部门信息化系统间的一种普遍现象，国际上公认的衡量各国信息化水平的全球电子政务指数也充分说明了这一点。大数据在社会治理中的整合、分析与应用将受信息孤岛的严重影响。

6. 存在信息异化问题

信息异化是指作为信息创造者、生产者的主体，对信息过分依赖、盲目崇信，逐步丧失对信息的掌控能力，并反被信息所支配、奴役。有些学者提到的“数据崇拜”论述的也是类似问题。大数据的核心是预测，每逢节假日，越来越多的人喜欢先在网络上查询各种出行信息，通过这些数据信息预测热门线路和热门城市。如 2014 年百度推出的“百度迁徙”，首次采用可视化方式展现中国春节前后人口大迁徙的轨迹与特征。然而随着网络的智能化发展，人们曾引以为豪的头脑显得越来越笨拙和力不从心。在信息洪流中，人们很可能会丧失自己的意志、个性和理想，尤其是丧失自主性、反思和批判能力，而任由“专家”或“数据决断”等代为做出抉择。这种决策方式可能使人们逐渐迷失在数据海洋中，从而增加社会治理风险。

7. 存在数字鸿沟问题

数字鸿沟又称为信息鸿沟、信息分化，是指在信息社会中，不同国家、地区、行业的人群由对社会信息资源占有和使用程度的不同而造成的“信息落差”和“知识分隔”，最早由美国前副总统阿尔·戈尔在 1996 年提出。我国学者唐皇凤、陶建武提到，数字鸿沟造成的差别是继城乡差别、工农差别和脑体差别之后的“第四大差别”。

根据“中国数字鸿沟研究”课题组的研究可知，我国的数字鸿沟主要体现在城乡之间和地区之间。2012 年我国城乡数字鸿沟指数为 0.44（即表明农村信息技术应用水平比城市落后 44%），地区数字鸿沟指数为 0.32（即表明最落后地区的信息技术应用水平比全国平均水平落后 32%）。由此可见，我国现有的数字鸿沟现状不容乐观。而在大数据背景下，信息“富有者”与信息“贫乏者”之间的数字鸿沟可能会逐步加大。首先,用户数据信息普遍被拥有数据掌控权的网络服务商视为核心机密或核心竞争力，因此要实现数据资源的开放共享和普遍可及并非易事；其次，大数据挖掘涵盖数据的获取、存储、挖掘、呈现、分配等众多领域和环节，每个环节都需要强大的技术来支撑，这对普通民众尤其是大多数学历较低的人来说十分困难。

8. 存在数据开放度问题

大数据时代，数据开放程度是社会治理主体需要解决的首要难题。作为国家的核心资产，政府数据对社会政治、经济和安全都有决定性作用，仅 CPI 数据就可以对建筑、金融等多个行业产生较大影响。而用户数据信息又是网络服务商或者电商的核心竞争力，其可以对个人的喜好、习惯做出推断，并进行精准广告投放。目前，我国的数据开放程度远远不够。未来，我们应该尽可能多地开放公共数据库，实现资源共享。但在开放数据库的同时，又应权衡个人隐私保护、数据开放时间和开放程度、满足社会数据开放需要和保护国家安全等多方面情况，找到满足各方数据需求的平衡点。

9. 存在数据能耗及智能时代的失业问题

信息产业向来被认为是绿色环保产业，然而，《纽约时报》一项历时一年多的调研发现，信息产业的污染和耗能十分惊人，数据中心浪费的电力可以占到总能耗的 90% 以上。因此，发展大数据产业时应提前考虑能耗问题，引导社会各界关注大数据环境议题，顺应节能减排的时代需求。

此外，大数据推动智能化发展，智能机器人、3D 打印机等智能化设备开始登场并逐渐占据重要地位，大量一线产业工人可能面临失业问题。

四、大数据时代我国社会治理的途径

（一）树立大数据思维，提升全民科学素养

大数据领域的新概念、新理念层出不穷，普通民众往往不能很快接受、理解和吸收，因此需要加强这方面的宣传和教育。首先，可以邀请专家、学者面向企业、政府和社会公众开展大数据专题讲座和培训，帮助他们树立“数据就是资源，数据就是财富”的理念；其次，可以让更多的智慧产品和服务走进社区、家庭乃至个人生活中，增进他们对信息资源产品的了解与使用；最后，保证信息惠民政策的落地，鼓励社会力量参与，令数据和信息系统有更大的价值发挥余地，使相应的应用和服务更加接地气。

（二）推动政府数据开放与共享

政府数据约占全社会信息资源的80%，开放政府数据是大数据时代的大势所趋。开放政府数据首先要合理划分数据公开等级，明确“不可公开”和“可公开”的范围，并划分可公开数据的优先等级。其次，应清晰界定数据公开标准，明确数据公开的渠道、范围、方式、流程、数据格式等。此外，还要积极探索建立跨部门数据资源共享管理制度和工作机制，主要包括研究建立保障各自数据源对数据的所有权、明确数据归属和数据权益的相关政策和机制，研究跨部门数据资源分享交换渠道，探索建立数据目录服务中心、数据分享交换中心、数据交易平台，实现长效化的数据交易共享市场模式；培育第三方数据服务商、数据交易机构等第三方专业服务机构和人员，并通过规定相关的资质认证、管理要求，规范相关行业从业人员和机构的工作。

（三）推动社会数据开放与共享

与政府数据类似，开放社会数据时也要明确公开的权限，注意排除涉及个人隐私、商业机密以及国家安全的信息，划分可公开数据的优先等级，界定数据的公开标准，包括公开渠道、方式、范围等。此外，管理大数据时要根据数据的类型和用户需求进行分类，制定统一的数据标准，构建大数据服务平台，实现数据共享，做到科学规范。

（四）建立跨界合作的社会治理生态圈

在大数据的推进下，探索出一个政府引导、社会组织推动、企业实施、公众参与的创新治理模式；政府完善大数据应用的相关政策和规范，推动数据公开共享，出台相关优惠政策引导大数据应用工作；积极发挥社会组织的综合衔接和决策咨询作用；

企业利用大数据优化内部管理流程，提升精细化管理水平；公众通过参政议政渠道积极参与社会治理。在新的创新治理模式下，全社会积极参与其中，“智慧城市”“智慧社区”得以更好地建设和发展，越来越多基于公共服务的数据产品得以面世。

（五）推动技术研发，提升技术水平

“科学技术是第一生产力”，唯有提高与创新大数据技术才能提升社会治理能力。目前，我国的大数据技术相对落后，因此，首先要把大力推进大数据技术的研发置于首要位置。鼓励企业和科研院所合作开展大数据技术的产学研转化工作，建设大数据治理和服务平台，促进大数据技术成果惠及民生。其次，引进和创新大数据技术。可以在初期着力引进并掌握外部大数据管理技术，中期边引进边探索适合我国的大数据技术，后期着力开发具有中国特色的大数据技术，掌握大数据技术主动权。最后，严守数据管理技术规程。对于关键的核心数据文件在进行加密保护后，还应严格执行多人共同管理制度，并通过限制数据库访问路径的方式来控制数据库管理员的日常工作权限，最大限度确保数据库的系统稳定和安全运行。

（六）加强专业人才培育

积极培育专业人才，拓展大数据时代社会治理能力建设的参与主体。依托高校知识储备力量，培养一批政治作风过硬且熟谙大数据关键技术的复合型人才，并将其选配到社会治理的工作岗位上来，形成一支强有力的社会治理大数据分析队伍，使其在社会治理岗位发挥用武之地，为社会治理能力的提升做出贡献。此外，建立多层次的大数据人才培养体系，营造有利于高端人才发挥本领的人才发展环境，吸引相关专业背景的海外高端人才回国就业，加强高层次大数据人才队伍建设。

（七）完善相关保障制度

大数据时代数据的透明开放并不意味着无条件开放，国家、企业和个人数据的安全隐私仍受到法律保护。对此，一方面，要倡导行业自律，建立社会监督机制，包括成立信息伦理委员会、完善行业自律机制、建立规训与奖惩机制等；另一方面，要健全数据立法，加强信息法治监管，在用户数据的授权、采集、存储、流转、二次利用等相关权责方面做出明确规定，并针对肆意侵犯用户隐私、危害国家安全等违法犯罪行为出台专门法规。

（八）推动群体智慧的应用和发展

目前，我国已建立起不少大数据平台，然而相关的数据应用和服务仍付之阙如。

在大数据治理过程中，我们应尝试引入社会群体的力量来帮助收集数据、识别需求、开发应用以更好地服务社会。可通过三种途径来实现：政府自身发起大数据应用竞赛；利用高校研究机构的学术优势开办工作坊、夏令营；号召行业组织和公益机构利用开放性大数据。

第三节 共生型基层治理创新模式

近些年来，为更好地服务社区及进行管理，国内许多城市先后采用“议行分设”的方法建立社区公共服务工作站，把主要管理工作权责授予工作站，旨在转移社区居委会的行政职能，保持其自治功能。但是这种做法又产生了新的问题，如社区居委会被边缘化，专业社工则倾向于接收、完成行政命令，缺乏利用专业知识帮助培育社会组织的内在动力。参与社区事务的机构虽然看似多元，表面上也有合作行为，但彼此之间相互区隔，彼此的呼应与合作机制缺失，社区治理呈现碎片化的状态，社区治理效率低下。

为破除上述困境，各地先后进行了“三社联动”的探索，并最终促成了国家层面的推动。“三社联动”旨在通过三种社区主体力量的互动，同时达到强化社区自治、激发社会组织活力以及壮大社会工作队伍的目标。但是，这样的目标描述只给出了理想预期，即“动”的结果，却未提供如何“联”的机制，因此并没有破除“动而不联”的区隔化困境。

一、“共生型治理模式”的内涵

“共生型治理模式”是对传统社会治理模式的超越。在社会领域，“共生型治理模式”是指具有不同性质但又相互紧密联系的治理主体在一定环境中按某种共生模式或机制形成的关系网络，这些主体与机制之间彼此相互独立又相互补充，达成一种合作共治、协同发展的状态。“共生型治理模式”有赖于“和而不同”的多元主体的存在。党政力量作为处于优势地位的主导者，不因权力、信息等资源优势而排斥其他参与者。相反，党政部门能在现代治理理念的指导下克制自己的权力冲动，主动分配、共享资源，推动各个治理主体在共生系统中达成基本共识与认同。在此基础上，通过建立共荣团队、共治机制和共享平台达到主体内部自主运转、主体之间合力公转的和谐状态；并能根据环境变化不断调适，保持系统的动态平衡，实现主体间的共同发展，推动共生模式不断进化，从而实现整体效应，达到共生主体中任何一方都无法单独实现的治理效能最大化目标。

“共生型治理模式”的内涵集中体现在三个层面：第一，价值观层面上的“共生”。中国人民大学张康之教授运用历史与逻辑相统一的方法，提出了三种社会治理模式的理论分析框架。人类社会的发展经历了由农业社会到工业社会再到后工业社会的变迁，相应地，人类社会治理模式也从统治型社会治理模式演变为管理型社会治理模式，并走向服务型社会治理模式。从价值追求的角度来讲，社会治理的价值观很大程度上主要表现为政府合法性价值追求的转变及社会权能的变迁。在统治型治理模式下，政府为了保障政治统治的稳定和维护统治阶级的利益，必须使民众保持对既定统治秩序正当性的认可，并对政府的命令自觉服从，因此合法性成为统治型治理模式的价值追求。在管理型治理模式下，西方民主政治成为获取合法性的制度基础；同时为使政府意志得到有效执行、保证政府运作的效率，官僚制成为政府的基本组织形式，并且对于民主政治来说具有工具性的意义。

因此，在管理型治理模式下，尽管统治色彩已经逐渐淡化，但合法性依然是其价值追求。

随着经济全球化、后现代转向的趋势和后工业社会的来临，由管理型社会治理模式走向服务型社会治理模式是一种历史与逻辑的必然。相应地在价值追求上，也应当突破合法性的框架，转向公共性的价值追求，即由追求政府统治的合法性转向追求多中心治理的公共性，将公共性确立为再造政府、重塑政府角色、评价政府绩效的基本规范和价值追求。同时，在公推性的框架下，积极反思统治型和管理型社会治理模式的“中心—边缘”治理结构的局限，走向公平合作的多中心治理体系，才是解决管理型政府面临的合法性危机的根本之道。从合法性到公共性可以说是人类社会治理模式历史演进过程中所追求的价值取向。对于基层社会治理而言，“公共性”的价值导向不仅是一种理念，更是一种能力。“共生型治理模式”事实上不仅解决了政社关系的基本定位和政府管理的合法性问题，还在基层系统中很好地整合街道、社区、社会组织、商业组织、利益团体资源以及其他公共或公益性资源，借助“公共性”的内在要求进行整合。更为重要的是，作为一种内驱力，“共生型治理模式”通过基层社会治理生态系统的能力建设，达到各个子单元之间的“共生”状态。从这个意义上而言，“共生”既是基层社会治理“公共性”价值观的具体体现，更是基层社会治理高层次的实践策略。第二，制度层面的“共生”。积极构建新型的社会整合机制是“共生型治理模式”的重要特征。第三，交往互动层面的“共生”。对新信息技术的采用、更多的公民参与、跨部门协作等是政府应对城市治理的创新思路。

治理主体若要通过互动机制发挥最佳效果、优化各类资源配置，有赖于资源共享与整合平台的建立，从而提高系统运行效率，降低系统运行成本。基层治理中的共生系统，所有要素之间相互配合、有序勾连，各个治理主体在共生系统中达成基本共识与认同，在此基础上形成主体内部自主运转、主体之间合力公转的和谐状态，并能根据环境变化不断调适，保持系统的动态平衡，实现主体间的共同发展。

二、打通共生通道：优化“三社联动”运作机制

（一）“三社联动”机制的主要做法

为了改变各个组织、机构在社区中“各自为政”的局面，以及改变由此造成的自治与管理失衡的现状，浙江省杭州市上城区凯旋街道开始建立并不断调适“三社联动”机制。南肖埠社区成为试点社区，尝试建立空间联动、人员联动、资源与项目的联动机制，并通过绩效评估机制形成外在推动力，从而在社区层面达到治理主体在各自独立的基础上相互促进、互利共生的良性状态。

1. 实现“三社”功能归位

实现“三社”功能归位是联动的前提和基础。只有清楚自己和其他主体的职能边界和工作内容，才能在联动中更加有的放矢。

（1）提高社区居委会本地化比例

凯旋街道选择从改变居委会选举中的候选人结构开始，打破数年来实行的居委会社工与居委会两块牌子、一套班子的模式，采用了兼职委员的做法，即居委会成员除了社工，还有社区民警、社区居民以及辖区单位的代表，从而使居委会班子成员结构多样化，居委会本地化比例提高。

（2）提高社区公共服务站效率

社区公共服务站继续承担原有行政管理职能，并进一步寓管理于服务中，按照管理任务的特点和社区公共服务的类型提高公共服务站的工作质量和效率。社区公共服务站按照“分类管理、分级服务”原则，根据居民需求层次的不同，推行“三级服务”模式。

（3）提升社区社会组织专业化服务水平

如果说居委会代表的是社区利益的一般性协调要求，那么社区社会组织则代表更为细分的组织化的社区群体利益、诉求与兴趣，两者在社区利益表达中互为补充。凯旋街道各个社区都秉持发现个性化需求，帮助培育、鼓励发展社区社会组织的态度。南肖埠社区还专门设立社会组织服务中心，成立“快乐互助公社”作为社会组织孵化器，并进行自我管理与发展。通过“以社管社”的柔性管理机制激发社会组织活力，充分利用社会组织植根基层的优势，发挥其联系、组织和服务居民的作用。

2. 整合要素，实现联动

从管理学的角度而言，组织之间的联动需要人员、机构、资金等各种要素的有力支持，并通过具体的机制安排将这些要素衔接起来，从而形成组织之间的协作动力。社区居委会、社会组织和社工之间要形成联动，同样需要有机整合这些要素资源。凯旋街道为了推动“三社联动”，通过整合办公空间为“三社”提供更多互动交流机会。“三社”中的负责人和街道干部实行常态化联动机制，并尝试建立“三社联动中心”，以组织化的形式推动“三社”的实质联动。

（1）空间联动

自 2013 年开始，凯旋街道开始在社区办公场所的改造和更新中引入分享空间的概念，社区主体间可以进行信息交流和分享。街道先后投入改造、建设资金 285 万元，陆续对金秋花园、景秀、景昙、景新等社区的办公用房进行更新。新的服务用房内设置日常办公区、社会组织展示区、专业社工服务区三大功能区块，为专业社工开展服务及社区社会组织进行日常活动和成果展示提供场地。

（2）人员联动

凯旋街道中的人员联动包含纵向联动和横向联动两个层次。垂直的纵向联动以街道党政力量与社区负责人为主。街道成立由街道党工委、办事处主要负责人牵头，街道机关、各职能科室长、群团组织负责人、各社区负责人为成员的“三社联动领导小组”，负责研究制订“三社联动”推进计划，并按月召开工作会议，就“三社联动”工作开展中的热点、难点问题集中会诊、分类指导。

横向的人员联动主要体现在社工培训机制与社会组织负责人的培训机制当中。街道为社工在实践中定位了两个维度：一是在行政事务中成为全科社工，熟悉跨岗位的职能；二是面向社区，加快社会工作与社区建设的融合发展。街道组织定期的学习培训，建立培训教育平台，与上海“屋里厢”等专业机构合作，建立多层次、多渠道、多形式的社工培训体系。社会组织人才侧重管理服务能力培育，开展量体裁衣式培训，提升社区社会组织负责人的业务水平和资源拓展能力。

此外，社区公共服务站和社区居委会通过与辖区企事业单位、物业公司及个人合作建立参与多元联动机制，加强社区内外资源的共建、共享。这类联动通常以社区党组织为主导，但具体的动员工作则通过工作站展开，居委会和社会组织的活动则以吸引社区居民参与为主。这种横向联动形式已经初步呈现，根据不同社区情况方式各有不同。如金秋花园社区建立了金色港湾党建共建功能体，南肖埠社区则建立了社区商会等。

（3）机构联动

空间联动为社区的主要机构提供了信息交流与协作行动的区域，而机构间的联动则需要具体的组织形式加以支撑。因此，凯旋街道建立了专业社工站以及社区工作者的个性化工作室，通过专业实践平台的搭建，鼓励社工运用社会工作专业理论与专业方法开展工作，促进专业知识向实践成果的转化。社工们在专业社工站的活动中相互交流经验、分析问题，共同创新社区工作理念和手法，打破了以往各管一块、缺乏分享的困境。同时，社工们的交流又有助于他们发现和培育社区居民中的热心者，指导社区居民成立社区社会组织。

居委会中作为专职委员的社工通过轮值跟踪了解社区的综合情况；作为兼职委员的社区居民则通过坐班帮助专职委员发现问题，了解社区管理的痛点和服务的弱点所在。居委会的兼职委员通常都是有热情、富有经验且对社区情况较为熟悉的居民。当兼职委员在工作中发现问题并希望凝聚更多人一起参与解决的时候，社区负责人和专业社工会提供相应的技术与专业知识等方面的支持，帮助建立社区社会组织。兼职委员个人也有机会与专业社工一起参与培训，街道和社区为兼职委员提供各种机会，将其培养成一名准社工。兼职委员将社区工作经验与专业知识结合起来，既提升了自身水准，又更好地服务了社区建设。

以“善治”为工作理念，由社区居委会、“爱・相伴”社工站、社会组织服务中心三大功能板块组成，且三大板块相互打通。热心居民可通过居委会得到社工的专业指导，建立贴近社区需求的社会组织。个人能力提升与社区社会组织的活跃又可反哺、充实社工力量，三者之间相互支持、资源共享。“三社”服务中心之间是一种相互促进、相互开放的合作关系，不同组织在运行的过程中利用各自的相对优势，彼此之间实现实质性的联动和帮扶，在提升自身业务能力的同时，又可取长补短、共同进步。

（4）资源联动

不同主体间的联动需要资源支持，特定的资源投入和使用也会影响联动的方式。凯旋街道的“三社”在资源上的联动主要通过“三社三微”与公益创投的方式实现。“三社”指动员社会力量、整合社会资源、解决社会问题，“三微”指网格可以满足的微心愿、社区可以实现的微公益以及街道主导的微创投行动。“三社三微”行动实际是在街道党政部门主导下，通过对街道内居民需求的调研、收集，动员社区跨界力量，按照社区诉求的轻重缓急进行资源分配的行动。

网格内的微心愿一般较为简单，通常只需个人进行认领、捐助即能完成，而较为复杂的诉求则需要社区及街道层面在资金及人力上投入更多。这时，微公益和微创投行动会根据任务特点匹配相应的社区社会组织，由它们承接微公益和微创投设定的目标任务。在街道资金及人力成本有限的情况下，根据组织自身优势与需求进行匹配的方式提高了资源使用效率，同时也促进了“三社”之间的相互配合。

（二）“三社联动”机制的创新特点

1. 以社区需求为导向加强主体间的目标认同

从凯旋街道的做法中可以看出，街道的“三社联动”机制设计和运行是以真正回应社区问题为立足点和前提的，“三社”之间的联动协作也都以此为共同目标取向。这是组织之间达成共识和行动的前提，也是凯旋街道“三社联动”机制产生实效的原因。为达成社区建设导向的目标共识，凯旋街道党政领导的做法是先从理念上强调社区满意导向的精神价值，并在自身工作中率先表现出对于社区利益的关注。街道在评价工作人员时不以街道以外的评价结果为唯一标准，从而鼓励其他工作人员和社工形成首先向社区负责的意识。

坚持社区导向的治理目标并非易事，很多地方的基层治理中都有相应的口号，但在执行过程中仍不免以上级的行政任务为首要目标。中国社会治理过程中一直存在过度行政性与社会自治性之间的张力，政府在把职能下放到街道与社区层面中在提供精细化服务的同时，又难以避免行政挤压自治的问题。同时，街道党政部门和社区条线机构与其他层级的政府类似，在社区工作中面临自上而下的各种竞赛指标的考核以及与其他街道、社区存在横向的竞争。因此，在实践中只是将“政治锦标赛”中的经济指标置换成治理类的指标，在社会治理层面同样存在类似的“锦标赛”。尽管这些指标名义上体现的是社会自治与服务的效果，多以数量多少进行衡量，但难以考察自治的质量与可持续性。凯旋街道党政干部和社区队伍正是在理念上达成了对社区负责的默契，才能在“三社”的运行过程中形成并坚持“社区为先”的共同口号，获得真正的联动效果。

2. 通过平衡主体力量完善联动结构

不同主体之所以愿意协作，不仅需要共同目标作为前提，行动者的力量也需要达到一定的平衡。主体力量若过于失衡，处于弱势的主体会在权力和资源上对强势一方形成明显依赖，难以表达并实现自身的利益和目标，协作便会成为强势主体实现单方目标的手段，而非各方意愿协商妥协的方式。基层治理结构中的社会组织与社区居委会长期以来一直存在因资源依赖而产生的对政府的依附和从属问题，从而难以真正发挥社区利益表达和整合功能。此外，随着政府管理重心的不断下移，社区承载的条线部门下沉的行政事务越来越多，行政职能占据了社区极大空间。

为防止社区自治功能被过度边缘化，将社区居委会纳入基层国家政权的系统中成为很多城市的共同选择。因此，为了有效提取社区意见，并打通与国家政权的互动途径，将居委会与社区工作站以及社区党组织的人员加以整合并合署办公，形成社区治理的

“三位一体”结构，成为部分城市的回应性方案。这种设计的本意是将行政功能与自治功能进行融合，同一批人员既是政府管理职能的基层行使者，同时又是反映与代表社区利益的代言人，一套人马几块牌子，根据需要转换角色。居委会在形式上保留了社区自治的功能，并且看似与政府在社区的延伸机构上获得同等位置。然而，行政功能与自治功能在行动逻辑和运行方式上存在着极大的差异，在人力与资金等资源固定的条件下，行政与自治杂糅的复合型系统很有可能将资源更多地用于行政目的，而非进行横向沟通。而居委会科层化的趋向在提高其承接和处理政府下派任务的能力的同时，缺乏时间和精力处理社区自身事务，导致其治理活力不足。

为了解决行政与自治的平衡难题，解决社区治理主体都被绑定在行政运作的轨道上的问题，一些城市基层治理组织提出了“分治”的方案。上海、深圳、成都、天津等城市提出了“居站分离”的方案，并先后进行了尝试。这些地方的社区建立隶属于街道办事处的公共服务站，由多社区共用一站。其目的在于将社区居委会从行政工作中抽离出来，单独行使自治权，真正面向社区行动。然而，值得关注的是随之而来的居委会空心化和边缘化问题，失去了行政依赖和资源依赖路径的居委会很容易被边缘化，失去生存与发展的动力。社工站继续扮演政府延伸办事机构的角色，掌握绝大部分资源。而居委会没有独立的资源获取能力，面临失去行政合法性的危险，又因社区居民的“政治冷漠”难以获得社会合法性，从而产生身份和认同危机。

在保持居委会承接行政职能的同时，通过增加本地社区人员成为兼职委员的比例，试图将行政职能与社区本地的回应性进行整合。其中，改变社区负责人和社工等专职人员坐班的安排，而由社区居民的兼职委员坐班，在形式上既授予了社区居民一些行政性职能和权力，同时又在心理和行动上肯定了他们作为社区利益代言人的角色。

社工站提供的服务实际上是为社区的正常运行与基本需求提供托底服务，社区居委会则部分回归自治功能。居委会成员本地化比例的增加有助于提升居民的认同感和归属感，为生活共同体的打造提供支持。社会组织作为连接社区不同群体、不同利益和爱好群体的中介，通过“三社联动”机制与居委会等建立了更为紧密的关系，有利于社区形成精神上的共同体。

“三社联动”的共同指向应该是在满足社区基本需求的基础上形成生活共同体，并进一步将社区建设成精神共同体的载体。通过对多元化资源的整合与运用，在政社分工与合作机制下，形成多元主体推动社区建设的合力，以推动社区建设从社区碎片化向社区整合，从地域共同体向生活共同体、精神共同体、情感共同体转变。

3. 通过绩效考评制度产生联动压力

组织间联动的实现不仅需要具有压倒性优势的目标与理念，还需要形成利益共同体，否则不同的主体之间很难形成真实的协同关系。凯旋街道建立绩效考评制度，从结果评价出发对组织和个人进行物质激励与晋升激励，从而推动社区各个治理主体主动寻求联盟。同时，它以制度化与可衡量的方式明确了联动内容，清晰指出了主体间的行动方向。一方面，凯旋街道建立由街道考核、群众评价和社会评议相结合的“三社联动”绩效评估机制，将“三社联动”工作分解为可操作、衡量的具体指标，并将评估结果与社工每月绩效、薪酬挂钩。另一方面，完善社工考核激励机制，开辟专业社工晋升通道，增强社工参与“三社联动”工作的内生动力。

就主体而言，绩效考评试图影响的对象是服务于各个岗位的社工，因为考评对他们而言有实际的约束力。对于社区居民和社区社会组织则不可能造成实质影响，因为他们并不依靠这种评价获得或失去利益。因此，这种制度设计可以促使社区中的行政力量关注自治力量，承接行政任务的组织和个人愿意更为主动地去联动行政系统之外的组织与个人。凯旋街道进行绩效考评的目的是改变社工听从政府行政安排的惯性，通过社工这座桥梁帮助社会组织与政府、居委会进行对接。通过自上而下的主导性制度变革，对社工施加一定的考核压力，促使他们自我消化行政强制与社区自主之间的张力，在完成行政任务与满足社区需求之间达成平衡。

（三）“三社联动”机制的实践成效

1.“三社联动”效果有效增强

社区居委会、社工与社会组织通过相互协作、彼此配合，打通了社区人才发现、培育和流动的渠道。社工通过兼职委员在居委会的工作情况，发现、培训、了解社区自治人才，参与社区建设。在工作过程中，工作态度热情、能力较为突出的个人通过各种培训机会进入社工队伍或成为社会组织的负责人，“三社联动”的效果正在不断显现出来。同时，专业执证社工成为社会组织发展的指导员，实现了社会组织成员量与质的双提升。南肖埠社区的“爱·相伴”社工站以“专业、互融、参与”为组织理念，下设“爱·成长”“爱·自强”“爱·关怀”等6个工作小组，服务对象覆盖青少年、残疾人、老年人等多类群体，都是根据社工平时工作中及在居委会轮值中发现需要的社区服务或需要提供支持的主要群体而成立的。

居委会成员除了社工外，还有社区民警、社区居民以及辖区单位的代表，居委会班子成员结构趋于多样化和合理化，能更好地代表广大社区居民的心声，更好地为人民群众服务。同以往的选举结果相比，当选成员的思想政治素质、学历、年龄、性别比例等都得到了优化。

2. 资源分配效率有效提高

凯旋街道的“三社三微”与公益创投行动相呼应，按照需求规模、需求实现难度及街道资源总量等要素，按照“网格—社区—街道”层次，形成了分层分类的“筛漏式”资源分配方式。网格微心愿与社区微公益关照到了容易被忽视的社区居民需求，使较为细小的供需问题在社区层面得到对接。借助“政府承担、定向委托、合同管理、评估兑现”的运作模式，鼓励和支持社会组织参与社区服务及社会建设，提高了社区公共管理和服务水平，同时又为社会组织提供了更大的发展空间。

三、营造共治单元：构建“网格＋网络”管理机制

（一）优化网格结构

根据“便于问责、单元完整、规模适度”以及“划分均衡化、服务便捷化、管理科学化、资源一体化”的原则，综合考虑居住人口状况、出租屋（间）套数、社区管理工作的难易程度等因素，结合社区、居民、企业、区域的变化，凯旋街道对网格进行了一次较大的调整。

与其他地方将基础网格越分越细的做法相反，管理者一直思考适宜的网格规模、合理的区域范围，以及网格内人口与企事业单位的特征，并根据现实变化做出调适。具体而言，根据社区的人口数量、居住集散程度、群众生产生活习惯等特点，分类优化原有网格，网格规模大小不搞“一刀切”。在划分网格前，凯旋街道对各社区整体情况进行摸底，深入分析之前各网格管理过程中在人员分配、工作内容和处置效率等方面存在的主要问题，在摸清各网格存在问题的基础上有针对性地进行网格划分。

提高街道管理效率和方便服务居民是凯旋街道进行网格调整的两个首要初衷。首先，在调整网格之前，街道多个科室都有各自划分网格的标准，彼此之间网格的边界和数量均不统一，相关信息无法进行分享和流通。在这种情况下，每个部门自行划定的网格是各自封闭的，处理网格出现的问题时也是各自为政，难以形成合力，管理效率较为低下。其次，部门割裂和信息封闭也给社区居民造成不便，既难以享受到高效、快捷的服务，还可能因为不同部门的信息收集增加社区负担。因此，更为科学、均衡地划分网格以提高管理效率和方便服务居民成为凯旋街道实施网格化管理提升行动的主要动力。

在网格划分中提出了三个具体要求：一是每个网格原则上包含不超过 3 个片区，在设置网格时应考虑自然区域形态、居民户数等因素，各社区可以根据实际工作量进行适度调整。二是按照“就近、相邻、易管”的原则，一个网格设置一到两个支部，

增强党员参加组织活动的灵活性和针对性。三是辖区相关楼宇、企事业单位、商户、中小学、幼儿园依据“全覆盖、无遗漏”的原则就近划入相应片区，进行统一服务管理。

（二）完善组织架构

1. 网格人员配备均衡化

凯旋街道在调整网格之前，由于原有网格数量的划分标准不统一、大小不一等，负责网格的社工数量也根据网格大小进行相应分配。大一点的网格需要分配数个社工维系日常运行，小一点的网格可能只有一名社工。这造成管理小网格的社工一旦因故未能及时到岗时，就面临无人处理网格事务、网格无法运作的困境，导致政府自上而下的管理任务在网格层面不能下达，社区居民的意见也可能耽于传递，影响社会治理效率。鉴于此，凯旋街道在调整网格边界规模、对各类网格实行多网合一的同时，对网格人员的数量进行重新调整，对网格员职责进行优化分工。

网格优化后每个网格中至少配备两名社工网格员，从而保证在一名网格员未在岗时，另外一名可以及时接手网格事务。一般情况下，每个网格有两到三名网格员，可以处理网格内的各类行政性事务，及时发现社区出现的问题，接收社区居民输入的信息。网格员认为自己权限内可以解决的问题即时处理，权限范围外的问题则向上发送，进入智慧平台流转。

网格均衡化和任务标准化之后意味着网格员的职责在增多，网格员单点单线的工作性质需要得到改变。很多网格的网格员需要改变以往只熟悉和掌握单一职责的状况，转为具备综合、全面的知识和技能的全科社工。由于社区工作的综合性和任务的琐碎性，如果只负责岗位中单一的工作任务，不仅降低了网格的服务和管理效率，也会导致社工对社区小务缺乏更为全面的了解。作为网格员的社工从单向职责转向综合职责，可以在其他同事不在岗的时候继续处理原有事情，保持网格运行的流畅。正是基于此，凯旋街道提出了打造“全科社工”的举措。

2. 网格岗位—功能精确匹配

凯旋街道通过在基础网格确立三个团队与五个职能网格员，将管理、服务与自治的功能有机结合起来。三个团队是指每个网格中都包含自治服务团队、基础服务团队以及专业服务团队。其中，每个基础网格都有自己的自治服务团队，由五个职能网格员组成，分别为网格管理员、网格协管员、网格民情员、网格指导员及网格监督员。基础服务团队和专业服务团队则依据基础网格规模，一般同时服务一到两个基础网格。

（三）完善网格运行制度

1. 建立网格深度联系机制

将“六六三”直接联系服务群众制度及党建网与网格化结合起来，形成全方位、常态化、有深度的联系机制。“六六三”直接联系服务群众制度将街道领导、机关干部、社区干部、两代表一委员、网格“一格五员”、在职党员等纳入“六六三”小组，通过上门走访、服务专线、定点接访、现场办公、温馨客厅、专题调研六种渠道倾听社区居民意见，根据问题特点给予反馈。“周三夜访谈”则通过常态化的联系机制落实服务群众制度，集中收集社区问题。由于很多上班的社区居民只有晚上才会回到社区，因此夜访谈的机制可以让更多居民认识街道和网格的管理者，通过熟悉彼此增进了解和信任，更好地动员居民参与。

在网格支部内合理划分片区党小组，同时注重兜底覆盖，保留并深化社区原有“两新党支部”，划入相应网格，负责网格相关楼宇内的两新组织党员。通过优化调整党组织设置，形成以社区党委为领导核心、网格党支部为管理主体、片区党小组为工作支撑的三级基层组织网络，充分发挥党组织对网格的指导与引领作用。由此可见，与网格的深度联系主要是通过增强党政力量与社区之间的沟通体现出来的。

2. 建立网格管理联动机制

为进一步发挥网格管理功能，有效根除辖区内违建以及其他影响环境的各类“顽疾”，改善街区人居环境，凯旋街道探索建立以“网格自查、物业主查、居民联查、社区统查、街道督查＋联网、联岗、联勤”为主要内容的“五查三联动”常态长效联控管理机制。“五查三联动”机制的具体内容包括：一是网格自查。社区网格工作人员每日对网格的巡查自查不少于 1 次，并填报自查情况表，将自查情况反馈至社区。发现有疑似新增违建立即上报社区，由社区城管工作人员将现场情况、照片上报至城管科。二是物业主查。进一步强化辖区物业管理职责，社区与辖区物业、准物业签订目标责任书，明确其责任；严格执行建筑材料进出小区管理机制，对装修家庭进行实名登记、定期回访；严格推行问责机制，并与年终绩效考评挂钩。三是居民联查。完善群众参与防违控违工作监督举报机制，进一步扩大街道内部举报电话的影响力，邀请社会组织、辖区热心群众参与防违控违工作，确保群众在工作中有地位、在话语上有权威、在参与上有平台。四是社区统查。社区每周对辖区进行检查，并将检查情况反馈至城管科。社区对网格、物业的检查情况负责。五是街道督查。街道专职控违队每周对下辖 14 个社区的防违控违情况进行督查，在防违控违工作中不履行职责或履行不力、监管不力、欺报、瞒报、漏报，造成不良后果的进行责任追究，并与年终考核考评、评先评优挂钩。“五查三联动”机制进一步强化了社区自转、“六六三”指导、居民和社会组织监督、街道统筹的工作机制，实现了资源共享、信息互通、职能互补、力量互动，从而确保第一时间发现、处理各类问题。

3. 制订网格服务提升计划

通过制订各类计划图将网格管理和服务任务精细化和具体化、流程和任务分工清晰化。其中，入户计划图、任务分工图和工作过程图将任务内容、形式和流程明晰化，方便管理者在行动中按图索骥。首先，入户计划图按照服务星级对走访对象进行排序，合理制订年度走访计划，并根据走访时间、参与人数、走访对象身份与年龄、走访主题等要素制定走访标准。其次，任务分工图明确社区干部负责制订各组走访方案、联系走访对象，由街道干部负责区直属单位与社区的对接工作，由区直属单位干部负责向上反映和解决街道三级平台无法解决的问题。最后，工作过程图规定了意见建议收集、问题处置反馈等工作的标准及流程。街道把工作过程图编印入《“六六三”民情联系日记本》发放给每位走访人员。党政办每周跟踪各走访小组的走访进度，对走访中收集到的问题、建议进行梳理归类，转至相关科室或上级部门处理。这些计划图分别从网格服务主体、服务分工及服务流程方面提升了网格服务水平。

4. 完善网格运行考核制度

网格运行的动力源于综合评价和绩效考核的压力。近年来，凯旋街道着力完善“一格五员”的考核机制以提高网格工作实效。一是完善网格社工绩效考核制度。街道以社工“级差薪酬”改革为契机，将网格内社工工作考核纳入“级差薪酬体系”，网格内各项工作的考核比重占社工每月工资总额的4%。根据每月指尖微管平台的数据，街道对社工网格内联系走访居民的数量、处理交办事项回复、不和谐因素的处理、居民满意度测评等几个方面的数据进行量化考评，通过信息系统将以往的年度考核分解为常态考核，从而形成持续监督。“智意云”服务管理平台的“淘社区”开通“群众评议”板块，设置群众在线投票系统，引导群众根据走访态度、解决时效、工作满意度等指标进行打分。二是建立干部履约考核制度。主要针对社区干部竞选或者任前承诺，就关键指标进行相应的考核比较以及评价干部整体工作表现等。考核将群众评议结果和问题流转各项指标排名纳入“级差薪酬体系”，直接与工资挂钩。三是建立责任捆绑式考核制度。对网格协管员、网格民情员、网格指导员、网格监督员进行联合考评，明确奖罚标准，以提升网格工作实效。网格绩效考核还将街道党政干部与网格管理者绑定，考核成绩优劣会体现在荣誉和薪酬分配结果上，促使社工和街道干部在完成本职工作的基础上积极协作以产生合力。

（四）提高网格运行效率

1. 升级网格管理技术

随着网络技术和信息交互技术的发展，各地都出现不少将社区治理与网络技术相结合的应用方式。正是由于充分认识到以技术推动治理的有效性，近年来凯旋街道建设了“智慧云”服务管理平台和“凯 e 通”网格微管站，开辟“民情采集”“问题流转”“群众评议”三大功能模块，以提高网格管理效能。网格社工在走访活动中将接收到的信息按照类别输入平台中，对于可以即时处理的问题，自行认领和消化；对于属于其他个人、科室的职责内容，系统则通过后台判断转至相应负责人或科室；高于网络社工权限范围的问题在平台中流转到街道一级，由街道进行决策。“智慧云”平台在网格中的运用不仅是技术精细化和流程清晰化的表现，也是基层管理者工作理念的一种转变，它推动社工在工作中主动发现问题，主动搜集和研判信息，提高解决和反馈问题的效率。同时，网格技术平台的透明化也对街道干部的责任提出了更高要求，倒逼他们提高自动发现问题、合作化解难题的能力。

2. 制定问题流转程序

网格问题的流转程序通过设定流转时限和流转额度保证其高效运转。流转时限是指在“智慧云”服务管理平台上设置问题“自主认领”功能，问题上传 24 小时内由机关和社区干部主动认领；24 小时内无人认领的，由“问题流转处理中心”根据条线和网格安排自动分配，分配到问题的工作人员必须在 72 小时内处理并反馈。同时，设置走访次数、问题上报数、主动认领率、处理实效率、反馈指数等指标，每月按科室和社区实际动态排名，切实提升自主解决率和问题处置实效。流转额度实行“十一制”，按照“层级负责、分类处置、上下联动、协同解决”的办法，搭建问题处置网格、社区、街道三级平台，处置问题以下级为主，上交上级的问题量不得超过所发现问题总量的十分之一。

三、打造共享平台：促进“共生型治理模式”的资源整合

随着经济社会的发展，人们对居住环境的要求不断提高，并从住房、环境、配套设施等硬件物质层面延伸至软性服务层面，社区的服务、管理、安全、氛围等成为居民的新诉求。与此同时，政府的行政职能和公共服务也不断下沉至社区，政府各个部门、条线的职责都集聚、浓缩在最基层的治理单元中。但事实上社区真正的需求、居民的真实期望有时与政府所提供的服务内容及质量相去甚远，有些居民并未有切实的获得感，真实的想法和诉求又没有渠道可以输入政府行为及决策程序中。因此，主体之间

和机制之间往往因为信息堵塞失去交互机会和良性共生的空间。

近年来互联网技术在“智慧城市”中的运用为基层治理提供了新的理念和思路，各个城市都在尝试通过信息技术、云计算打造统一的数据平台和政务平台。凯旋街道适时利用这些技术，将治理理念和需求导入其中，通过建设由网格微管站、云平台构成的“智慧云”服务管理新平台，利用末梢信息采集与平台流转相结合的方式，打通了街道层级的部门信息共享渠道，消除了科层制运行中的部分弊端，提高了事务流转和办理效率。社工、网格、社区和街道经由技术平台形成有机关联，并通过绩效薪酬的评估机制将各个治理主体与治理单元绑定在一起。与其他一些治理技术平台相比，凯旋街道的平台更为开放，居民可以输入部分信息和评价，从而参与社区服务和管理。

（一）“智慧云”服务管理平台的主要做法

1. 平台数据整合使用

（1）统一街区数据网络

“智慧云”服务管理平台的运行基础是网格信息的统一和整合，而“多网合一”的网格整合是平台成为现实的前提。“智慧云”服务管理平台建设的第一步是实现不同部门数据网络的统一和全覆盖。联合辖区派出所，在前期反复调查摸排、登记核实的基础上，依据社区三维图，按网格设置准确录入居民楼分布、社区住户、周边企事业单位各类相关信息，实现数据全覆盖。各网格责任社工持“iPad”走访入户时，可即时了解、核对住户信息，对房屋易主、人员增减、车辆购置等信息变动情况可随时录入更改，确保数据更新及时准确、住户信息动态掌握。

“N 网合一”是数据库建设的目标。街道将工作过程中常用的电子邮件系统、综治基础信息系统、数字社工系统等进行整合，逐步打破各条线存在的信息壁垒，再通过架构在物联网、政务网上的两个门户网站登录接口，优化用户体验，实现用户一键多通道登录。同时，利用不同的登录接口区分前台输入和后台录入，以最便捷的方式进行系统平台内容管理，实现平台功能最大化。经过信息数据系统的整合，街道各科室与辖区内公安、综治等部门的数据实现统一，从而减少了组织之间相互屏蔽信息的障碍。

（2）完善工作数据库

“智慧云”服务管理平台以“网格微管站”为载体，结合条线日常工作，系统设置个性化数据模块，通过条线工作信息化录入完善日常工作数据库。如结合机关“六六三”走访、社区日常走访，及时录入走访情况及问题处理数据信息并进行分析研判。目前，党建工作数据信息、综治维稳人员数据信息、社区企业数据信息等都已实现日常工作与数据录入同步，以便随时调取使用及共享信息。

（3）平台信息联动共享

网格微管站内导入了从中央到地方的各条线政策、业务信息，贯通就业、帮扶、残联、计生、老龄等十大服务条线和402个服务项目。网格责任社工在走访过程中可随时解答群众政策咨询，随时上传群众反映问题，随时反馈问题处理结果，促进居民需求有效传递。同时根据各条线工作需求，对社区各类服务群体进行分类定级。至2015年底，已设定社区党员、失业人员、残疾人、管教帮扶对象等各类服务群体13个。平台的信息共享功能还包括社工个案分析、事务处理经验交流等，社工在处理完较为棘手的事务或具有普遍性的难题后，会将处理经验和感受写成案例，通过平台与其他社工分享。

2. 制定问题流转流程

（1）构建街区问题处理接驳系统

"智慧云"服务管理平台中的问题流转与解决系统以"问题领办"模块为主，以"六六三"走访服务为载体，工作人员及时将走访服务中需要解决的问题、社区检查中存在的问题上传至"智慧云"服务管理平台"问题流转中心"，由相关科室、网格工作人员自主领办；如24小时内无人领办，则由云平台中心负责下派。同时采用定时办结、提交工作日志的方式及时反馈，促进工作流转。

网格协管员、网格民情员主要负责每日网格内巡查工作，随时接受居民投诉，及时发现各类不和谐因素，能解决的问题当场解决，不能解决的第一时间上报网格管理员。网格管理员核实确认后通过社区配备的指尖微管平台录入系统，并上报社区或相关职能科室。街道和社区可以通过主动发现机制实现不和谐因素"第一时间被发现，第一时间被解决，第一时间被反馈，第一时间被核实处理"。

（2）嵌入自动提示功能

"智慧云"服务管理平台系统内设置问题分类功能和限时办结提醒功能，根据社工走访过程中所录入问题的性质和时间进行有效分类，并通过红黄彩灯提醒相关条线社工及时处置。如果超过时间没有办结录入，系统将以红灯警示，提醒社工尽快解决该项事务。社区负责人还可通过系统及时跟踪责任社工对居民反映问题的处理情况，解决有的社工易忘、易拖延的问题，切实提高群众诉求处理的时效性。

3. 实现民意表达的直接输入

（1）平台向多主体开放

首先，平台向公众和辖区企事业单位开放。凯旋街道整合了街道、社区、辖区企事业单位、社会组织等各类资源，健全资源共享体系，涉及区域内的共享资源和信息，辖区范围内企事业单位以及居民都可以通过网上查看、预约的方式进行了解和预订，实现各类资源的相互开放、取长补短、有机结合，达到互助共赢的目的。“智慧云”服务管理平台还依托互联网平台和相关软件,形成以社区为中心辐射一公里的微商圈，集合包含衣、食、住、行在内的各领域商户服务资源。其次，平台向辖区文化团队等社会组织开放。街道将社区内的文化团队等社会组织在平台中进行系统归类，在“淘社区”的社会组织板块进行分类展示，发布社团介绍、团队特色、活动剪影等内容，提高群众知晓率。居民还可登录网址点击“淘社区”线上栏目，参与文化活动网络投票、提出意见建议、管理社区事务。社区各个群体还可以根据自身具体需求，利用平台输入、搜索及匹配信息、资源的功能，可以享受预约活动场地、组织发起活动等服务。

（2）民情反馈迅速到达

社区对“微管站”和“淘社区”两大板块的居民诉求和意见建议进行分类汇总及梳理，分流至各条线专职社工处理解决，指定专人对居民在网上提出的问题、留言进行答复。对已办结的重点问题在“淘社区”予以公示或向当事人反馈等，使居民足不出户就能快速获知民情处理结果。

（3）激励居民广泛参与

“智慧云”平台中的“淘社区”通过设置居民网上积分系统，引导居民上网参与社区活动投票、社区事务网络调研等活动。街道根据居民的登录次数设立年度积分奖励机制，积分达到一定数额即可换取小礼品或社区服务，以调动居民参与社区管理的主动性和积极性。同时，街道还将居民积分情况作为培养群众骨干力量的参考依据，进行分类管理，培养、引导积分高的居民成为参与社区管理的骨干力量。这种参与机制还能根据街道工作方向的调整进行灵活调适。

四、“共生型治理模式”模式的未来发展方向

（一）从“为民服务”到“与民服务”，形成共通理念的向心力

开放的社会需要开放的心态和思路，同时更需要开放的社会治理理念。过去几年地方政府在社会治理创新的实践中，试图通过规训、运动和动员的方式，依靠政治的力量来克服治理体制缺陷，实现对社会秩序的维护。这种“总体—支配型”管控思维一直是地方政府的基本行动“惯习”。有学者将其总结为“十‘重’十‘轻’”误区，即重强化轻改革、重维稳轻根本、重管理轻服务、重形式轻内容、重标准统一轻条件差异、重全面控制轻激发活力、重政府责任轻社会参与、重权力延伸轻村居自治、重现代技术轻群众工作以及重属地管理轻上级责任。这种状况导致地方政府在多重指标的“压力型”体制和“政治锦标赛”体制运作方式的制约下，易于在当前的社会治理

创新过程中“派生出更大规模的行政结构及其经营场域”，形成行政强制倾向并压缩社会发育的空间，从而“丧失与基层社会的亲和性”。政府在社会治理过程中时常充当服务供给的绝对主体，即重视政府的全面主导而忽视社会力量的协同参与，重视政府服务资源的投入而忽视服务效能的提升，导致治理压力和治理成本急剧攀升。因此，在面对政府公共服务能力供给的有限性与社区居民需求的多样性之间的矛盾问题时，如何通过转变传统服务思维来降低社会治理的行政成本，增强公共服务的效能感，成为未来地方政府社会治理创新的重要着力点之一。

面对社会主体多元化、社会需求多样化和社会思想观念分散化的现实情况，着重强调“思想是行动的先导”，在社会管理创新中不断解放思想，努力打破传统观念和思维方式。在理念和价值观念上进行创新，以优化生态为目标，紧紧抓住“人”和“机制”两大关键要素，积极构建思想传导机制，深化现代治理理念认知，持续推动“一四三五”治理思路的落地，使其成为街道上下开展社会治理的共通理念，并以此引领整个城市基层治理。今后在深化“共生型治理模式”的共通理念上还需要进一步改变政府“以需求为本”的为民服务思维，而代之以“与民服务”的公共服务理念：第一，着重关注目前基层社会中居民、组织以及社区的优势和资产所在，而非关注传统的需求满足模式所认定的。基层里缺乏什么或基层社区的问题是什么。第二，做基层社区居民的同行者。因为基层社会治理工作更多的是秉持一种“与民服务”理念，而不是通常所持有的“为民服务”思维，所以社会治理工作者扮演的是“同行者”的同盟角色。第三，强调“工作目标”和“过程目标”并重。鉴于以往的基层社会治理者大包大揽的工作方式而导致的治理效率低下和治理成本攀升问题，“与民服务”理念提倡既要重视“工作目标”，又要关注“过程目标”。这样可以令社会治理者有意识地帮助居民增强自信心，提升自我形象，学习组织技巧，加强领导才能，促进个体的成长，使居民得到更好的赋权效果，从而真正获取共通理念的强大向心力。

（二）从“刚性治理”到“刚柔并济”，挖掘共识文化的引领力

在地方政府社会治理创新过程中，不管是“大综管模式”还是“网格化管理模式”，其实都呈现出一种刚性治理特征。社会稳定的“刚性”思维必定导致“刚性社会治理”。刚性社会治理是指奉行以规章制度为本原则，以一种机械化的、非人性化的、凭借体制约束以及奖惩规则等手段进行的治理方式。它的缺陷在于无法发挥社会治理主体的能动性，甚至会导致社会矛盾的积聚。而柔性社会治理则是“以人为本”的治理方式，它采用的是以理解和把握社会治理客体的心性与行为规律为基础而实施的非强制性的治理手段，其主题是“规律、非强制、潜在以及自觉”。柔性社会治理的本质既包含了一般治理的本质（即控制）和治理的核心（即协调），又体现了其自身的本质特性

（即“柔”原则与“软”控制）。这种社会治理方式如果使用得当，既可以激发社会治理主体的效能感并引发其对治理目标的内化，也可以提升社会治理客体对主体行为的信任度并增强社会治理主体的权威。凯旋街道强调文化、价值观的建设与引领作用，努力探索一种符合实际的现代治理方式。正是由于坚持了以理念为先导，强调文化、价值观等因素在基层治理中的建设与引领作用，凯旋街道的基层社会治理实践保持了更为清晰的方向感，而不至于杂乱无章、支离破碎、盲目求稳。同时，在基层社会治理中大力实施的一系列举措以及与之相伴随发生并正在逐步改善的基层工作效能与作风、基层群众的生存和发展状况、社会文化与社区和谐氛围以及基层社会的满意程度等，无不是这一治理文化在实践活动中的充分体现与具体化。

为实现“共生型治理模式”“刚柔并济”的治理艺术，还应在以下层面提升文化的引领力。第一，尽量做到外在治理与内在治理并重。对个体的治理主要有两种形式：一种是外在治理，即法律法规、政策制度、社会公约、各类监督机构与执法执纪人员，它以明确的形式向民众昭示，以公开的身份进行治理；另一种是内在治理，即说服教育、感情投入、关心体贴、形象影响、激励尊重、心理沟通等潜移默化的方式，在民众心中产生深刻持久的影响，从而把治理者的心愿与组织的目标变为民众的自觉行动。第二，尽量做到直接治理与间接治理并重。间接治理是指治理者借助媒体进行的宣传教育，形成传统舆论或会议动员、创造环境等一般性的工作，它只能顾及社会矛盾的普遍性（即缺乏针对性和深入性），而无法知晓社会矛盾的特殊性（即对群体中的不同心态缺乏“质”与“量”的把握）；直接治理就是在一般性工作的基础上进行调查研究，发现特殊性，因人而异做针对性的工作，它不仅注意社会矛盾的普遍性和特殊性，而且注意点与面相结合。第三，尽量做到个体治理与群体治理并重。柔性社会治理在对群体和个体的服务管理过程中，虽然所用方法和效果稍有差异，但如果使两者相结合将产生意想不到的治理效果。

（三）从“党建统领”到“一核多元”，强化共荣团队的聚合力

正所谓“火车跑得快，全靠车头带”，强化基层党组织政治功能的发挥，是确保城市基层社会治理沿着正确方向前进的关键因素，是破解城市基层社会治理各种难题的有力武器。凯旋街道直面基层治理中存在的领导核心地位弱化、党组织凝聚力不强、服务群众的能力意识弱、体制机制不完善、力量配置不足、党员作用发挥不明显、队伍素质欠缺等短板软肋，积极以党建工作为统领，把强化城市基层党组织政治功能放在更加突出的位置，强调党组织服务机制的创新，以更加健全的网络、更加有力的抓手、更为管用的办法，努力将党建工作融于基层治理之中，并切切实实地培养了一支城市基层社会治理队伍。

为了进一步强化“共荣团队”的力量，将分散的多元社会资源与党组织的领导核心进行更好的聚合，还应在以下方面进行拓展：第一，优化人才培养机制，提升队伍执行能力。建立网格服务管理责任制、首问负责制、考评问责制，推动街道、社区工作力量下沉到一线。从问题导向出发，组织各类主体参与网格管理服务，通过党组织直接服务群众制度强化团队协作能力，拓展创新互动思维，增强街道干部和社工队伍的整体执行力。深化党组织团队建设，重点打造“四支队伍”，即打造担当有为的街道干部队伍，培养百姓满意的基层党组织队伍，建设充满活力的党员队伍，统筹抓好其他基层骨干队伍建设。完善基层服务流程，建立“全科社工”队伍。整合便民服务中心工作力量，建立“全科社工”队伍，推行“全科政务服务”制，实现“一窗多能、全科服务”。推进级差薪酬改革，培养专业化、职业化和本土化的社会工作人才，推动现有从事社会工作的人员向专业社会工作者转型。完善相应的薪酬保障激励机制，推广社区专职工作者的“全能社工”与优化级差薪酬改革。积极探索和大力推广专业社工站模式，推进社会工作者的组织化进程。第二，调动社会力量，激发社会资本参与。整合沉睡社会资本，满足社区居民多元需要。发挥凯旋街道辖区内高校、省市区属机关、高新企业、高端楼盘的优势，以政府小部分投入撬动社会资本大投入，推动社区“容器”中散落的社会资本不断增值。全面推广“公益伙伴日”“邻居节”“爱心日”等常态化活动，以“以奖代补”、树立典范等方式整合各类社会资源。深度挖掘社区内高层次专业人才资源，如利用社区内医生、律师、教师、技工等技能型人才资源，开展周末义诊、义讲等义务活动。建立“人人义工”制度，提升公益力量。创新志愿服务动员机制，打通社会资本价值链。

（四）从“政府主导”到“社会培育”，激发共治机制的联动力

导致政府控制失灵的原因是多方面的，归结起来，是由于社会的高度复杂性和高度不确定性而使政府进行社会控制的前提和基础消失了。其中，信息的失真性更是直接原因。这就是克罗齐耶所说的：“最为严重的问题是，人们业已失去了对真正的事实给予尊重的做法。所剩下的只有行政管理的事实。也就是说，只有由每一个专业职能部门依据知识的狭隘分类刻意制造出来的事实。”绝大多数社会问题的解决，都需要通过调动社会自身的活力和挖掘社会中所蕴含的潜力。这就意味着政府不应当直接运用行政手段去解决诸多社会问题，而是需要在认识到某种社会问题的时候采取引导的方式，积极调动社会力量去加以解决。受政府管理官僚制困境和政府所面临的公共问题的不可治理性增强的影响，社会组织已成为中国社会转型中一种不可或缺的治理结构要素，它甚至作为政府与市场之外的“第三种力量”而登上了政治舞台，为社会提供了一种重要的服务力量和治理主体。学术界对社会组织的功能研究所达成的共识是，其具有“参与、中介和代表、服务提供、积累社会资本”等作用。地方政府在社

会治理创新中寻求社会组织创新的目的，是想通过制度化平台的搭建，利用社会组织的革新能力及解决问题的方式来提升社会治理的效能。部分地方政府在社会治理创新实践中，试图通过项目化运作的方式来推进部分公共服务的社会化，培养一些枢纽型社会组织或支持型社会组织，以逐步形成“社会化治理”的格局。但法团主义的中国经验分析表明：社会参与往往是在国家的主导和控制下进行的，社会组织的主要框架即国家法团主义，社会组织的“国家法团组织”特征显著。因而，通过法团主义理论视角我们可以了解在当前的地方政治生态中，服务型社会组织的培育和发展存在制度性困境问题，即由国家主义传统所导致的社会组织的自主性依旧较弱。因此，基层服务型社会组织的培育和发展工作仍处于“应然”状态。

作为“共生型治理模式”中的重要社会系统，基层枢纽型社会组织的培育工作显得尤为关键。“党委领导、政府主导、居民自治、社会参与、法治保障”的社区自治和服务新模式成为凯旋街道城市基层社会治理的另一重要经验。要真正地培育好基层枢纽型社会组织，从而进一步激发社区、社会组织、社会工作“三社”联动力，还需做到：第一，明确枢纽型社会组织的功能，使其聚焦于整合辖区内服务资源，组织和协调各种类型的社会组织开展服务工作。第二，通过其职能的积极履行来赢得各方的认可，使其具备上与街道基层政府相接、下与社区居民相通、横与社会组织相连的组织能力。第三，以需求为导向，通过项目化运作和管理来挖掘社会资源、培育服务组织、实施技能培训、创建服务平台等，形成公共服务的可持续性运作机制。

（五）从“条块分设”到“智慧协同”，提升共享平台的综合力

政府职能的过度分工导致基层社会治理呈现碎片化状态。分工负责是职能部门公共行政过程中的主要特点。在相对简单的治理环境中，分工可以提高行政效率，但分工过细则意味着一个业务流程涉及若干职能部门和环节。一项简单的工作也要被拆分成一系列烦琐的活动，专业化分工越来越细，工作环节越来越多，这在当代社会的复杂治理环境中就意味着更加复杂的治理结构。韦伯对官僚制的分工做出了明确规定，他认为只有“存在着固定的、通过规则即法律或行政规则普遍安排有序的、机关的权限的原则”，才能进行精细的分工。但由于近年来政府职能剧增，而社会问题又千奇百怪，现代化的管理技术并不能完全适应政府的庞大业务量。政府不同的部门都有各自明确的分工和责任，但在一个快速变化的社会，部门的职能总是处于变动之中，并且很多时候又需要多个部门的协同才能完成。因此，基层社会治理机制创新的重点是处理好政府社会治理中的“条块”关系矛盾。

目前中国行政系统仍然存在着“条块”之间的权力交错难题，而这种关系矛盾所带来的“职责同构”问题已使得部门利益问题成为社会治理遭遇执行瓶颈及掣肘于体

制的根本原因。“条块”关系矛盾主要是指由“上下对口、左右对齐”的机构设置理念所导致的“职责同构”问题及“双重从属制”弊端。在基层地方政府社会治理机制中,“条块”关系问题主要是指民政、公安、保障等属于“条”上的职能和专业治理机构与区、县、镇层级政府及街道办事处等属于“块”上的综合性治理组织之间，由职能交叉重叠所导致的低效问题。其弊端表现为：每个部门都存在多头管理现象，受到多重制约，从而极大地削弱其治理和服务效能，会形成由“部门主义的制度化权力”而导致治理上的“庇护主义”，不仅使治理产生协调困难，而且也大大增加了治理的制度费用。凯旋街道以整合资源为导向，以信息化管理平台、区域性党建网络、枢纽型社会组织为依托，建立各类资源共享平台，在很大程度上促进了辖区社会治理资源的有机整合、长效运作，而这也成为凯旋街道有关城市基层社会治理的重要经验。如针对较多政务平台所存在的“业务系统重复开发、数据结构兼容性弱、数据大量沉淀浪费”等问题，着力研发“智慧云”服务管理平台，同时整合“级差薪酬管理体系”、问题流转“十一制”等工作载体和制度，倾力打造了一个“智能化、共享化、规范化、统一化、个性化”的区域性服务管理平台。

事实上，“共生型治理模式”极力构建的“社会治理技术机制”，就是试图通过资源的整合、职能的梳理以及系统的集成来消除部门之间的合作困境，从而提升共享平台的整合力。具体做法有两个：一是通过党委牵头搭建“区域化大党建平台”来构建社会治理协调机制；二是通过构建“网格化管理机制”来实现社会治理的高效化和精细化。作为一种基本的政府组织结构性关系，“条块”关系在不同的层面和领域影响和制约着地方政府的整个社会治理过程。即使是从国家总体体制环境来看，“条块”关系仍然是一种将长期存在的“制度事实”。因此，在未来的创新过程中，通过探索一种协同性理念来消解“条块”关系矛盾所产生的治理效能低下问题，将成为凯旋街道进一步完善“共生型治理模式”的现实要求和战略选择。

协同性理念倡导社会治理各主体之间在沟通协调的基础上，通过资源的开放互惠和按需整合资源等一系列办法，形成相互之间的良性交往与协作，最终实现社会治理体系的扁平化与网络化。具体措施包括：第一，加快建设社会治理信息化综合服务平台。打破信息孤岛和部门壁垒，逐步推进信息互联互通，采取“多元合一”信息采集模式。以居民需求为导向，以城市公共信息平台和公共基础数据库为基础，利用数据交换与共享系统，建设政府及社会资源整合的集成平台。整合与基层社会建设相关的政府信息、群团组织信息、自治信息和社会服务信息资源，建立多部门“多元协同”的社区治理基础数据库，逐步实现各业务条线的专业数据信息流畅对接。第二，完善数据信息采集、流转和研判机制。深化“网组片”管理和服务制度，强化基层终端管理和服务职能定位，依托社区“一张网”联动平台，为服务居民办事推行“一口式”受理提供技术支撑。

完善“信息发布、基础信息、信息收集、任务流转、驱动研判、科学决策”系统设置，完善部门联络员、领导督办、监督考核等制度，实现平台案件和信息的跨区域、跨层级、跨部门流转和受理，提升处理效率。加快形成社区“民主决策”与“数据驱动决策”相衔接的基础治理制度架构。第三，加快形成智慧应用共建共享机制。坚持以“政府主导、企业主体、社会参与、市场运作”的模式推进智慧社区建设。围绕智慧社区民生建设，加大互联网、大数据、云计算、物联网等现代信息技术在社区民生服务和保障领域的应用力度。发挥政府在规划、政策、法规、标准制定及资金投入和监督管理等方面的引导作用，鼓励和支持社会组织、企事业单位、社区居民共同参与智慧社区的建设、管理和运行，形成高效、实用、低成本的智慧社区共建共享机制。

未来中国社会治理的发展是一个动态的过程，“共生型治理模式”持续发挥功效的关键在于政府与社会的共同转变，从而积累社会治理的积极因素，推动社会治理的有序发展与良性运行，以增强社会治理的有效性。社会治理改革任重而道远，绝不是一蹴而就的事，从某种意义上讲，推进实现国家治理现代化，既是解决当前社会问题的需要，也是落实基层民主的探索实践，关系到中国特色民主理论体系的建构，也关系到中华民族的伟大复兴。

参考文献

［1］ 陈静 . 党建引领基层社会治理的价值、内涵与路径［J］. 重庆交通大学学报（社会科学版），2022，22（05）：25-31.

［2］ 田毅鹏，高梓淞 . 单位大院对基层社会治理的嵌入［J］. 社会科学文摘，2022（10）：97-99.

［3］ 牛艳秋，姚磊 . 党建引领基层社会治理创新研究［J］. 经济师，2022（10）：31-33.

［4］ 魏巍 . 国家治理体系中基层社会治理创新机制研究［J］. 中国集体经济，2022（28）：74-77.

［5］ 迟行刚 . 党建引领基层治理的理论遵循与实践路径［J］. 前线，2022（10）：80-82.

［6］ 吕廷君，李昊光 . 基层社会治理中的社会权力研究：以北京市“接诉即办”为例［J］. 重庆社会科学，2022（09）：92-102.

［7］ 赵欣 . 基层社会治理数字化转型的现状及优化策略［J］. 湖南社会科学，2022（05）：80-89.

［8］ 刘畅 . 遮蔽与重构：基层社会治理公共性的实践逻辑［J］. 领导科学，2022（10）：109-112.

［9］ 陈东冬 . 风险社会视域下基层社会治理路径研究［J］. 哈尔滨市委党校学报，2022（05）：48-53.

［10］ 章立群，朱训志，翁清光 . 县域基层社会治理的技术 - 制度双向调适：基于福州市鼓楼区“一线处置”机制的实践探索［J］. 中国行政管理，2022（09）：155-157.

［11］ 王静，邹农俭 . 改革开放以来居民参与基层社会治理的实践形态［J］. 南京师大学报（社会科学版），2022（05）：109-116.

［12］ 李琳 . 情感传播：媒介化基层社会治理的新路径［J］. 新闻爱好者，2022（09）：86-88.

［13］ 陈金明 . 以强基层为导向推进六项系统集成改革 探索全面全域全民市域社会治理［J］. 中国经贸导刊，2022（09）：81-83.